Da Ideia ao Império: Construindo uma Fonte de Renda com IA de Seis Dígitos

Transforme seu trabalho paralelo com IA em um negócio digital global, sem investidores ou funcionários

Por Joe Correa

Publicado por Live Stronger Faster

Primeira Edição

Sumário

Introdução

Estamos nos estágios iniciais de uma revolução tecnológica diferente de tudo o que já vimos antes. A Inteligência Artificial não é apenas uma palavra da moda — é uma revolução nos negócios, uma mudança econômica global e, para você, um caminho para a liberdade financeira pessoal. Este livro não trata apenas de ganhar dinheiro. Trata-se de transformar sua vida usando IA, construir algo sustentável que possa escalar globalmente e fazer isso sem investidores, escritórios ou funcionários.

A Oportunidade da IA: Por Que Está Explodindo Agora

Nos últimos anos, testemunhamos um crescimento exponencial nas capacidades da inteligência artificial — especialmente na IA generativa (como ChatGPT, DALL·E, ElevenLabs e outras). Essas ferramentas agora podem escrever, criar designs, analisar dados, automatizar processos e até vender por você. O que antes exigia uma grande equipe e muito capital agora pode ser realizado por uma única pessoa usando as ferramentas e os fluxos de trabalho certos.

Essa mudança reduziu drasticamente a barreira de entrada para iniciar um negócio altamente lucrativo. Você não precisa mais de:

Conhecimento em programação
Uma equipe completa de marketing
Designers ou editores de vídeo
Softwares caros
Anos de experiência

Com a estratégia certa e as ferramentas de IA adequadas, você pode sair do zero e construir um negócio de seis dígitos mais rápido do que nunca.

O Que Você Vai Aprender Neste Livro

Este livro oferece um plano passo a passo para transformar um projeto paralelo com IA em um negócio digital de seis dígitos.

Você aprenderá:

Como encontrar um nicho de IA com alta demanda e baixa concorrência
Quais ferramentas de IA economizam mais tempo e geram mais dinheiro
Como automatizar conteúdo, geração de leads e entrega de produtos
Como criar, precificar e vender produtos gerados por IA, como cursos, templates, ebooks e muito mais
Como construir uma marca de uma única pessoa que escala globalmente

Como alcançar seis dígitos sem contratar funcionários ou buscar investimentos
Como automatizar o crescimento e se preparar para uma futura venda (caso queira sair do negócio)

Por Que Negócios de IA de Uma Pessoa Estão Superando Equipes Inteiras

Estamos entrando na era dos impérios de solopreneurs — negócios de uma única pessoa com alcance global, automação completa e receita recorrente. São empresas enxutas, lucrativas e ágeis que não dependem de localização, funcionários ou financiamento. Elas funcionam com ferramentas de IA, sistemas inteligentes e produtos digitais.

Veja por que esse modelo funciona:

Velocidade para entrar no mercado: você pode testar, lançar e escalar em semanas — não em meses.
Baixo custo operacional: sem folha de pagamento, aluguel de escritório ou agências caras.
Renda passiva: a IA automatiza entrega, criação de conteúdo e suporte ao cliente.
Alcance global: venda instantaneamente para qualquer pessoa no mundo.

Até mesmo startups tradicionais estão sendo substituídas por criadores individuais usando IA. O capital de risco já não é mais o único caminho para a riqueza. Liberdade de tempo, controle e independência são os novos indicadores de sucesso.

As Ferramentas Que Você Vai Utilizar

Ao longo deste livro, você conhecerá um conjunto selecionado de ferramentas de IA e no-code que funcionam perfeitamente juntas. Entre elas estão:

ChatGPT / Claude – para conteúdo, estratégia e comunicação
ElevenLabs / Descript – para narração com voz de IA e audiolivros
Invideo / Pictory / Runway – para criação de vídeos sem aparecer
Canva + Magic Studio – para design e geração de imagens
Make.com / Zapier – para automações e fluxos de trabalho
Stripe / Gumroad / Payhip – para pagamentos e entrega de produtos
Glide / Softr / Notion – para criar portais digitais, MVPs de SaaS ou painéis de clientes

Você aprenderá como usar essas ferramentas para criar uma máquina que funciona sozinha — um sistema alimentado por IA que gera renda enquanto você dorme, viaja ou aproveita a vida.

Mudança de Mentalidade: Do Esforço Constante para Sistemas

Este livro não é sobre trabalhar 80 horas por semana para ganhar dinheiro online. Trata-se de pensar como um construtor de sistemas — alguém que cria uma máquina uma vez e recebe para sempre.

Veja a diferença:

Mentalidade de esforço constante: você troca tempo por dinheiro e está sempre buscando novos clientes.
Mentalidade de Império de IA: você constrói uma vez, automatiza e escala globalmente.

Você não está apenas criando fontes de renda. Está construindo ativos digitais — produtos, marcas e plataformas — que aumentam de valor ao longo do tempo.

Ao final deste livro, você terá um roteiro completo para sair de uma ideia e construir um império sustentável e escalável movido por IA.

Agora, vamos começar com uma breve história de como Sarah passou de demitida a ganhar 12.000 dólares por mês em renda passiva.

Tudo começou em uma manhã comum de terça-feira. Sarah estava sentada em sua pequena cozinha, tomando café instantâneo, enquanto seus dois filhos se preparavam para a escola. Ela havia acabado de ser demitida — novamente. A empresa de tecnologia onde trabalhava havia cortado seu departamento e, apesar de anos de dedicação, sua posição foi considerada "não essencial". A ironia não passou despercebida. Com contas acumulando, sem plano de backup e com a confiança no nível mais baixo, Sarah fez o que muitos de nós fazemos em momentos de desespero — pesquisou no Google "como ganhar dinheiro trabalhando de casa".

Ela analisou opções como dropshipping, marketing de afiliados, sites de pesquisa e criação de conteúdo. Mas tudo parecia saturado, suspeito ou excessivamente complicado. Então ela encontrou um tópico no Reddit onde alguém havia escrito: "Ganhei 22.000 dólares no mês passado usando ferramentas de IA — sem funcionários e sem anúncios." Aquela frase acendeu algo dentro dela. Ela clicou, seguiu os links e descobriu um mundo de possibilidades. As ferramentas de IA não eram apenas para especialistas em tecnologia ou programadores. Pessoas comuns estavam usando essas ferramentas para criar produtos, automatizar marketing e gerar renda 24 horas por dia. Parecia bom demais para ser verdade — mas ela estava desesperada o suficiente para tentar.

Sarah começou a experimentar o ChatGPT para escrever conteúdo de blog. Em poucas horas, já havia criado três artigos completos. Em seguida, usou Canva e DALL·E para gerar imagens personalizadas para cada um deles. Para narrações, testou o ElevenLabs e ficou impressionada com o quão reais as vozes de IA pareciam. Na semana seguinte, criou seu primeiro produto digital — um ebook chamado "Ferramentas de IA para Mães Ocupadas" — e o colocou à venda no Gumroad. Ela definiu o preço em 9,99 dólares, sem saber se alguém compraria. Em menos de 48 horas, teve sua primeira venda. Depois cinco. Depois vinte. Cada vez que seu telefone notificava uma nova venda, parecia um pequeno milagre.

Sarah percebeu rapidamente que o segredo não era criar apenas um produto — era construir um sistema. Ela criou uma lista de e-mails usando MailerLite e conectou a uma página de captura construída no Notion. Usou Make.com para automatizar e-mails de boas-vindas, ofertas adicionais e mensagens de agradecimento. Começou a gravar vídeos curtos usando Invideo, compartilhando dicas de como outras mães poderiam fazer o mesmo. Esses vídeos começaram a viralizar. Seus seguidores cresceram. Sua lista de e-mails explodiu. Seu ebook de 9,99 dólares se transformou em um pacote de 29 dólares e depois em um curso de 97 dólares — tudo criado com ferramentas de IA e totalmente automatizado.

Seis meses após a demissão, Sarah estava ganhando mais de 12.000 dólares por mês em renda passiva. Ela não tinha escritório, funcionários, estoque ou gastos com anúncios. Apenas um laptop, algumas ferramentas de IA e uma determinação de nunca mais depender financeiramente de um emprego. Seu negócio movido por IA não era apenas lucrativo — era libertador. Ela podia trabalhar durante o horário escolar e estar totalmente presente para seus filhos à tarde. Não se preocupava mais com estabilidade no emprego ou pedir aumentos. Estava construindo um império — nos próprios termos.

O que mais surpreendeu Sarah não foi o dinheiro — foi a simplicidade de tudo depois que ela começou. Ela não precisava ser especialista em tecnologia. Não precisava de investimento. Nem mesmo precisava sair de casa. As ferramentas faziam a maior parte do trabalho. Tudo o que ela precisava fazer era conectá-las, construir uma vez e deixar o sistema funcionar.

A história de Sarah não é uma exceção — está se tornando cada vez mais comum. Em todo o mundo, pessoas estão percebendo que podem construir negócios altamente escaláveis sem equipe, chefe ou grande orçamento. Estão usando a IA para fazer o trabalho pesado e ficando com os lucros. E assim como

Sarah, você também pode fazer isso. Você não precisa saber tudo agora. Só precisa estar disposto a dar o primeiro passo.

É para isso que este livro existe. Para oferecer um roteiro claro e simples — desde o momento em que a ideia surge até o dia em que você olha para seu painel de vendas e percebe que construiu algo que funciona enquanto você dorme.

A jornada de Sarah prova que é possível.

Agora é a sua vez.

Capítulo 1: Encontrando Seu Nicho Lucrativo de IA

O primeiro e mais importante passo para construir um negócio lucrativo alimentado por inteligência artificial é identificar um nicho. Um nicho é um segmento específico de mercado com uma necessidade ou problema único que você pode resolver usando suas ferramentas de IA, conteúdo ou produtos digitais. Ele é a base de tudo o que você vai construir — desde os produtos que oferece até o público que atende, o conteúdo que cria e a forma como promove sua marca. Se você tentar agradar a todos, acabará não se conectando com ninguém. Mas se escolher um nicho específico com alta demanda, seu negócio pode crescer rapidamente — sem gastar muito com anúncios ou competir em mercados saturados.

Um nicho lucrativo de IA está na interseção de três elementos: seus interesses ou habilidades, a crescente demanda do mercado e problemas que podem ser monetizados. Você não precisa ser um especialista, mas precisa ter interesse suficiente para criar conteúdo valioso e soluções de forma consistente. Pense no que desperta seu interesse: imóveis, fitness, crescimento profissional, educação, parentalidade, saúde mental ou pequenos negócios. Depois explore como a IA pode melhorar essas áreas. Por exemplo, se você gosta de fitness, pode criar um planejador de treinos personalizado gerado por IA ou uma ferramenta de planejamento de refeições. Se você se interessa por crescimento profissional, pode criar geradores de currículo, assistentes de preparação para entrevistas ou otimizadores de perfis do LinkedIn.

Comece fazendo uma lista dos seus cinco principais interesses, habilidades ou setores que você entende. Em seguida, pergunte a si mesmo: "Que tipo de solução com IA as pessoas nesse mercado estariam dispostas a pagar?" O objetivo é resolver um problema de forma mais rápida, fácil ou barata usando IA. Utilize ferramentas como Google Trends, fóruns do Reddit, sugestões de busca do YouTube e avaliações de produtos da Amazon para identificar dificuldades no seu nicho. Não observe apenas o que as pessoas estão comprando — observe também do que elas estão reclamando. Frustrações frequentemente levam a compras. Por exemplo, se muitas pessoas reclamam do tempo que leva para editar vídeos, isso pode indicar uma oportunidade para oferecer serviços de edição com IA ou um template de automação usando ferramentas como Runway ou Pictory.

Depois de identificar dois ou três nichos potenciais, valide-os. Use plataformas como Gumroad, Etsy, Udemy e YouTube para procurar produtos, ferramentas digitais ou conteúdo nesse nicho. Existem criadores ganhando dinheiro? Os produtos recebem avaliações e comentários? Existe demanda sem um nível esmagador de saturação? Se a resposta for sim, você está no caminho certo. Melhor ainda: pesquise tendências no TikTok, Instagram Reels e YouTube Shorts — vídeos curtos frequentemente revelam nichos em crescimento antes de chegarem aos grandes marketplaces.

Também é útil observar comunidades. Participe de grupos do Facebook, servidores do Discord ou tópicos do Reddit relacionados ao seu nicho. Observe como as pessoas conversam. Em que elas precisam de ajuda? Quais são as perguntas mais comuns? Com o tempo, você começará a perceber padrões. Esses padrões são pistas para construir sua estratégia de produtos e conteúdo. Se todos estão perguntando como ganhar dinheiro com IA no setor imobiliário, por exemplo, isso é um grande sinal. Você poderia criar uma ferramenta de análise de propriedades com IA, um chatbot imobiliário ou um curso sobre automação com IA para corretores.

O segredo é evitar nichos amplos e vagos como "ganhar dinheiro online" ou "saúde". Em vez disso, aprofunde-se: "ferramentas de IA para vendedores no Etsy", "automação de IA para corretores de hipoteca" ou "criação de conteúdo com IA para influenciadores fitness". Quanto mais específico for o seu nicho, mais fácil será dominar e escalar rapidamente. Você sempre poderá expandir depois — mas a dominação começa com foco.

Por fim, lembre-se disso: você não precisa de uma ideia revolucionária. Você só precisa resolver um problema real com uma solução aprimorada por IA em um espaço que lhe interesse. Seu nicho não precisa ser perfeito — apenas claro, lucrativo e em crescimento. E quando ele estiver definido, os próximos capítulos mostrarão como transformar essa ideia em um império automatizado que gera renda.

O Produto de Etsy Alimentado por IA

Carlos sempre foi entusiasta de tecnologia, mas nunca se viu como um empreendedor. Ele trabalhava como técnico de TI em um distrito escolar local e passava a maior parte das noites jogando ou mexendo em seu computador personalizado. Ele acompanhava o crescimento da inteligência artificial com interesse, testando ocasionalmente novos aplicativos ou lendo sobre avanços em processamento de linguagem natural. Mas foi somente após uma conversa casual com sua prima que ele considerou usar IA para iniciar um negócio.

Sua prima Sofia era dona de um pequeno negócio e administrava uma loja no Etsy vendendo planners artesanais. Durante um almoço, ela reclamou de quanto tempo gastava reescrevendo descrições de produtos, criando posts para redes sociais e respondendo perguntas de clientes. “Se ao menos eu tivesse um robô que fizesse isso”, ela brincou. Carlos riu, mas uma ideia surgiu em sua mente. Ele percebeu que realmente poderia criar esse robô — ou pelo menos reunir ferramentas para simular um. Naquela noite, Carlos abriu o ChatGPT e começou a experimentar criar descrições de produtos para Etsy usando prompts específicos para planners artesanais. Os resultados foram rápidos e surpreendentemente bons.

No dia seguinte, ele publicou um serviço no Fiverr oferecendo “Descrições de Produtos para Etsy com IA – Entrega em 24 Horas”. O preço era 15 dólares. Para sua surpresa, uma vendedora fez um pedido no mesmo dia. Ela adorou o resultado. Depois veio outro pedido. E mais outro. Em pouco tempo, Carlos já tinha clientes recorrentes e indicações. Mas a verdadeira mudança aconteceu quando ele percebeu que poderia transformar aquilo em um produto, e não apenas em um serviço. Ele criou um template no Google Sheets com prompts integrados e um guia no Notion ensinando vendedores do Etsy a usar IA para automatizar suas próprias descrições de produtos, hashtags, listagens e até respostas para clientes.

Carlos começou então a pesquisar outros problemas no universo do Etsy. Ele entrou em grupos do Facebook e percebeu uma reclamação recorrente: a criação de conteúdo era cansativa e consumia muito tempo. Muitos vendedores eram mães ou criadores artesanais, não especialistas em marketing digital. Eles não queriam aprender SEO — apenas queriam vender mais. Então Carlos criou um pacote simples de prompts de IA para sucesso no Etsy. Ele incluiu um tutorial de 20 minutos no Loom e colocou o produto digital à venda no Gumroad. O preço era 19 dólares. Em duas semanas, ele teve 53 vendas — todas vindas de tráfego orgânico e recomendações.

Mesmo assim, ele se perguntava se aquele nicho era muito específico. Ele testou outras ideias — IA para professores, IA para gamers, IA para YouTubers. Mas sempre acabava voltando aos vendedores do Etsy. Aquele nicho era pouco atendido, apaixonado e faminto por soluções. Ele percebeu que ser específico não era uma limitação — era uma superpotência. Ele não precisava ser o maior especialista em IA do mundo. Só precisava ser o melhor em resolver um problema claro para um grupo específico de pessoas.

Ele decidiu focar totalmente nisso. Carlos lançou um kit de automação com IA especificamente para negócios no Etsy. Usou Make.com para automatizar respostas de e-mail, Canva para gerar conteúdo para redes sociais e Pictory para criar vídeos promocionais simples para sua página de vendas. Compartilhava dicas no TikTok, publicava prompts gratuitos em grupos de vendedores do Etsy e convidava clientes a darem feedback para melhorar o produto. Em apenas três meses, ele construiu uma fonte de renda digital de 4.000 dólares por mês — tudo baseado em um nicho que descobriu durante um almoço em família.

A história de Carlos é um lembrete de que grandes ideias de negócio nem sempre nascem em salas de reunião ou sessões de brainstorming. Às vezes elas surgem ao resolver um problema cotidiano de alguém. E a verdadeira riqueza não está em ser amplo — está em ser específico. A IA não apenas deu a Carlos um conjunto de ferramentas. Ela lhe deu uma forma de construir algo real, escalável e totalmente seu — começando apenas com curiosidade e uma conversa.

Capítulo 2: Ferramentas de IA que Constroem Seu Negócio para Você

Depois de escolher um nicho lucrativo, o próximo passo é montar seu conjunto de ferramentas de IA. Isso não significa apenas escolher softwares chamativos — trata-se de criar um conjunto enxuto e integrado de ferramentas que possam automatizar, melhorar e escalar seu negócio sem adicionar complexidade. O objetivo é transformar sua ideia em uma máquina geradora de renda, transferindo tarefas demoradas para a inteligência artificial. Seja criando produtos digitais, serviços ou conteúdo, as ferramentas certas permitirão que você atue como uma equipe completa de redatores, designers, profissionais de marketing, editores e suporte — tudo sozinho.

Vamos começar com a criação de conteúdo. No centro do seu negócio provavelmente estará o conteúdo escrito — descrições de produtos, artigos de blog, roteiros de vídeo, legendas para redes sociais, páginas de vendas e sequências de e-mail. Para isso, nada supera o ChatGPT ou Claude. Esses grandes modelos de linguagem podem escrever textos envolventes, com aparência humana, sobre praticamente qualquer tema, em qualquer tom e para qualquer plataforma. Aprenda a criar prompts fortes que forneçam contexto, público, estrutura e intenção para a IA. Salve seus melhores prompts em uma biblioteca de prompts e reutilize-os em vários projetos. Por exemplo, um único prompt de "gerador de página de vendas com IA" pode ser usado para cada novo produto digital que você lançar.

Em seguida, considere voz e vídeo. Se você planeja criar audiolivros, vídeos para YouTube sem aparecer ou cursos narrados por voz, utilize ferramentas como ElevenLabs, Descript ou PlayHT. Essas plataformas permitem gerar áudio de alta qualidade usando vozes de IA que soam naturais e profissionais. Para vídeo, ferramentas como Invideo, Pictory e Runway permitem criar e editar vídeos sem mostrar o rosto, sem gravar nada e sem contratar editores. Basta inserir seu roteiro e mídia, e a plataforma faz o resto. Essas ferramentas são perfeitas para conteúdo de formato curto (TikTok, Reels, Shorts) ou vídeos explicativos mais longos.

O próximo passo é o design e os elementos visuais. Canva, especialmente quando combinado com Magic Studio ou DALL·E, permite gerar gráficos impressionantes, capas de ebooks, miniaturas, apresentações e templates em minutos. Agora você pode automatizar fluxos de design usando recursos como Magic Resize, Magic Write e sugestões baseadas em IA do Canva. Se estiver criando downloads digitais como planners, templates ou apresentações, o Canva deve ser sua principal ferramenta. Ele substitui a necessidade de Photoshop, InDesign ou designers freelancers.

Agora vamos falar de automação. É aqui que seu negócio se torna praticamente automático. Ferramentas como Make.com, Zapier e Airtable permitem conectar diferentes plataformas para que tarefas aconteçam sem você precisar fazer nada. Por exemplo, quando um cliente compra seu ebook no Gumroad, uma automação pode enviar um e-mail de agradecimento, liberar acesso a um portal de curso no Notion, adicioná-lo à sua lista de e-mail e iniciar uma sequência de acompanhamento — tudo sem que você toque em nada. É nesse momento que seu negócio de uma pessoa realmente se torna escalável. Configure uma vez e deixe as automações funcionando 24 horas por dia.

Para vendas e entrega de produtos, utilize plataformas como Stripe, Gumroad, Payhip, LemonSqueezy ou Sellfy. Essas ferramentas permitem coletar pagamentos, oferecer upsells, hospedar arquivos e entregar seu produto instantaneamente. Você não precisa de um site personalizado para começar. Essas plataformas oferecem página de checkout hospedada, coleta de e-mails, painel do cliente e análises. Você também pode usá-las para hospedar assinaturas, memberships ou ofertas por tempo limitado. Combine isso com ferramentas de link na bio como Solo.to ou Beacons para unificar sua presença de marca.

Se você estiver criando algo mais interativo — como uma ferramenta alimentada por IA, um painel digital ou um SaaS sem código — use Glide, Notion, Softr ou Tally. Essas plataformas permitem criar experiências front-end elegantes sem programação. Por exemplo, você pode transformar um banco de dados do Airtable em um aplicativo web para clientes com o Glide, criar um hub de recursos pago com Notion ou construir um seletor de produtos baseado em questionário com Tally e incorporá-lo em sua página de vendas do Gumroad. Essas ferramentas dão profundidade e interatividade ao seu negócio sem necessidade de código.

Não se sinta sobrecarregado com todas as opções. Você só precisa de algumas ferramentas principais para começar. Comece com uma pilha simples: ChatGPT para escrita, Canva para visuais, ElevenLabs para voz, Pictory para vídeo, Make.com para automação e Gumroad para vendas. À medida que seu negócio crescer, você poderá adicionar mais camadas de complexidade e personalização. Mas lembre-se: simplicidade escala. Quanto mais enxuto for seu conjunto de ferramentas, mais repetíveis e eficientes serão seus sistemas.

O verdadeiro poder está em combinar essas ferramentas em fluxos de trabalho. Por exemplo: a IA escreve seu blog, a IA transforma o texto em vídeo, a IA narra o roteiro, a IA publica no Instagram e no YouTube, e a automação envia novos leads para seu funil de vendas. Você se torna uma máquina de produção de conteúdo e vendas de produtos movida por fluxos inteligentes em vez de trabalho manual.

Com a pilha certa de ferramentas de IA, você finalmente pode parar de trocar tempo por dinheiro e começar a construir algo que cresce no piloto automático. No próximo capítulo, você aprenderá como transformar esse conjunto de ferramentas em um sistema funcional que opera enquanto você trabalha, dorme ou está de férias.

A ideia de produto digital de Nina

Nina era uma redatora freelancer que estava cansada de perseguir pagamentos e lidar com dez clientes diferentes todos os meses. Ela amava escrever, mas a pressão constante de cumprir prazos, revisar textos e atender às expectativas dos clientes a deixava esgotada. O que ela queria não era apenas mais dinheiro — era liberdade. Ela queria construir algo uma vez e deixar trabalhar por ela. Queria parar de trocar horas por dinheiro. Uma noite, enquanto assistia a um vídeo no YouTube sobre trabalhos paralelos, ela descobriu o mundo da automação com IA.

No início, Nina estava cética. Ela já tinha ouvido falar do ChatGPT, mas pensava que era apenas mais uma ferramenta de escrita comum. Mas a curiosidade falou mais alto. Ela se inscreveu e começou a testar prompts. Em menos de trinta minutos, havia criado um artigo completo, uma newsletter e um roteiro de vídeo. A qualidade a surpreendeu. Não era perfeito, mas era rápido — e com suas habilidades de edição, era bom o suficiente para publicar. Foi nesse momento que algo mudou. Se ela podia produzir em uma hora o que antes levava três, talvez pudesse finalmente escalar sem se esgotar.

No dia seguinte, Nina esboçou uma ideia de produto digital: um template de journaling guiado para criativos. Ela usou o ChatGPT para escrever os prompts e perguntas de reflexão e depois levou o conteúdo para o Canva para criar um layout bonito e imprimível. Com o Magic Resize do Canva, ela reaproveitou o layout para posts no Instagram e pins no Pinterest. Depois gravou uma narração curta para o trailer do produto usando ElevenLabs. Todo o processo — da ideia ao produto final — levou menos de dois dias. Ela carregou o diário no Payhip e fez sua primeira venda poucas horas depois. Eram apenas sete dólares, mas a notificação no telefone parecia liberdade.

Incentivada pela resposta, Nina criou um segundo produto: um mini curso sobre como usar IA para acelerar a escrita. Ela usou Descript para gravar e editar uma série de vídeos sem aparecer, e depois usou Pictory para transformar o vídeo longo em clipes curtos para Instagram e TikTok. Conectou sua página de vendas do Gumroad ao Make.com para que cada compra acionasse um e-mail de boas-vindas, liberasse o material do curso no Notion e adicionasse o cliente à lista de e-mails. Pela primeira vez, Nina tinha um sistema que funcionava enquanto ela dormia.

Ela ficou impressionada com quanto tempo recuperou. O que antes levava uma semana — escrever, editar, criar design, promover — agora levava horas. As ferramentas de IA não apenas a ajudaram a criar mais rápido; deram espaço para pensar maior. Em vez de trabalhar como freelancer apenas para sobreviver, ela podia agora focar em construir. A cada semana, criava novos ativos: pacotes de prompts de IA para autores, templates visuais de citações, calendários de conteúdo — tudo alimentado por ChatGPT, Canva e suas habilidades crescentes em automação. Seus seguidores cresceram. Sua lista de e-mails aumentou. Suas vendas multiplicaram.

Com o tempo, Nina parou completamente de aceitar clientes freelancers. Sua renda passiva mensal superou o que ela ganhava antes em tempo integral. O que mais a impressionava não era o dinheiro — era perceber que havia construído um negócio sem contratar ninguém, sem lançar anúncios e sem gastar mais de cinquenta dólares em software. Sua "equipe" era um conjunto de ferramentas de IA que trabalhavam 24 horas por dia, nunca reclamavam e não precisavam de pausas para almoço. E o melhor de tudo, ela ainda tinha tempo para escrever — para si mesma.

A história de Nina prova que as ferramentas já existem. Você não precisa de um grande orçamento, de um diploma sofisticado ou de experiência em tecnologia. Você só precisa de uma ideia clara e do conjunto certo de ferramentas. Com o poder da IA, ela passou de freelancer a fundadora, de perseguir clientes a criar liberdade — simplesmente deixando as ferramentas fazerem o trabalho pesado. E se ela conseguiu fazer isso, começando com um único produto e um fim de semana de curiosidade, você também pode.

Capítulo 3: Do Trabalho Paralelo ao Sistema: Configurando Seu Stack de Automação com IA

Depois de escolher seu nicho e montar seu conjunto de ferramentas de IA, o próximo passo é configurar um sistema de negócios automatizado. É aqui que seu trabalho paralelo se transforma em uma máquina escalável. Muitos empreendedores ficam presos na armadilha da produção constante — escrevendo, criando designs, gravando, respondendo — sem perceber que 90% dessas tarefas podem ser automatizadas ou semi-automatizadas usando IA e ferramentas no-code. O objetivo aqui é trabalhar uma vez, automatizar o restante e criar um negócio que gere renda o tempo todo, esteja você online ou não.

Para começar, você precisa definir sua oferta principal. Isso pode ser um produto digital como um ebook, curso, pacote de templates ou um conjunto de prompts de IA. Ou pode ser um serviço aprimorado por automação — como criação de currículos com IA ou planos nutricionais personalizados. Depois que sua oferta estiver criada, o sistema que você construir ao redor dela precisa fazer quatro coisas: atrair leads, convertê-los em compradores, entregar o produto e nutrir o relacionamento posteriormente. Quando cada uma dessas partes é automatizada, você deixa de ficar preso dentro do negócio — e passa a supervisionar o sistema.

A primeira parte do seu stack de automação é a captura de leads. Você quer coletar e-mails dos visitantes em troca de uma oferta gratuita de valor — frequentemente chamada de lead magnet. Isso pode ser um mini guia, uma folha de dicas, um checklist ou um treinamento gratuito. Use um construtor simples de páginas como ConvertKit, MailerLite ou Notion combinado com uma ferramenta de formulários como Tally. Quando alguém se inscreve, sua plataforma de e-mail deve enviar automaticamente uma sequência de boas-vindas que entrega o material gratuito, apresenta sua oferta paga e inclui links com chamada para ação para compra. Tudo isso pode ser criado uma única vez e reutilizado para todos os produtos futuros.

O próximo passo é a automação de conteúdo. Isso inclui usar IA para criar artigos de blog, conteúdo para redes sociais e vídeos curtos que direcionam tráfego para seu funil. Ferramentas como ChatGPT e Claude podem gerar calendários de conteúdo, escrever carrosséis e criar roteiros para seus Reels ou Shorts. Você pode agendar esse conteúdo usando Buffer ou Metricool. Ferramentas de vídeo como Invideo ou Pictory podem transformar artigos de blog em vídeos com narração gerada por IA e legendas automáticas. Depois você distribui automaticamente esse conteúdo no YouTube Shorts, Instagram e TikTok para aumentar sua audiência sem precisar criar tudo manualmente.

Em seguida vem vendas e entrega do produto. Quando alguém compra, seu processador de pagamentos (como Gumroad, Stripe ou Payhip) deve imediatamente acionar uma série de automações. Isso inclui enviar confirmação de compra, liberar acesso ao produto (via Google Drive, Notion ou um site de membros), adicionar o comprador a uma lista segmentada de e-mail e enviar ofertas de upsell posteriormente. Você pode criar esses fluxos usando Make.com ou Zapier para conectar sua plataforma de pagamento ao sistema de entrega e ao serviço de e-mail. Isso significa zero trabalho manual após a venda — cada comprador recebe seu conteúdo instantaneamente e cada oferta adicional é enviada automaticamente.

Não se esqueça da automação de relacionamento com clientes. O valor de longo prazo do seu negócio vem da sua lista — não apenas de compradores únicos. Use pesquisas automáticas (Google Forms, Tally ou Typeform) para coletar feedback e depoimentos. Programe e-mails pré-escritos que entrem em contato com seus clientes após 7, 14 ou 30 dias. Você também pode automatizar bônus de fidelidade, ofertas de aniversário ou recompensas por marcos usando ferramentas como

Make.com conectadas ao Airtable ou Google Sheets. O segredo é fazer seus clientes sentirem que você está sempre presente — mesmo quando não está.

Por fim, acompanhe seus dados automaticamente. Use Notion ou Google Sheets como seu painel de controle. Integre dados de vendas, inscrições de e-mail e crescimento de audiência usando ferramentas conectadas ou integrações. Verifique esse painel semanalmente para identificar quais funis, produtos ou conteúdos estão performando melhor. Essa análise permite que você invista mais no que funciona e ajuste o que não funciona. Quanto mais você refinar o sistema, mais poderoso e passivo ele se tornará.

A beleza de um stack de automação com IA é que ele não exige desenvolvedores caros nem meses de planejamento. Você pode construir a primeira versão em um fim de semana. E à medida que cresce, basta adicionar novas automações ou atualizar ferramentas específicas. É assim que negócios de uma pessoa escalam para seis dígitos sem contratar equipe. Você não está construindo apenas um trabalho paralelo. Está construindo um sistema. Um sistema que funciona com código, conteúdo e criatividade — alimentado por inteligência artificial.

O negócio digital totalmente automatizado de Jasmine

Jasmine nunca teve a intenção de abrir um negócio. Ela era assistente de marketing em meio período e mãe em tempo integral que gostava de escrever em diários e criar planejadores digitais durante o pouco tempo livre que tinha. Certa noite, enquanto observava seu filho pequeno brincar no chão, viu um anúncio no YouTube sobre um workshop gratuito de trabalhos paralelos com IA. Por curiosidade, decidiu se inscrever. O que começou como uma sessão de 60 minutos acabou se tornando uma mudança completa de mentalidade. Jasmine percebeu que não precisava de mais tempo — precisava de um sistema mais inteligente.

Ela começou criando um produto digital simples: um diário guiado de gratidão de 30 dias com prompts gerados pelo ChatGPT. Usou Canva para o design e colocou o produto à venda no Gumroad. Para promovê-lo, criou uma versão gratuita de 5 dias e ofereceu em troca de um endereço de e-mail. Usou ConvertKit para configurar o formulário de inscrição e a sequência de boas-vindas. Quando alguém se inscrevia, recebia um e-mail com o material gratuito, uma pequena história sobre sua própria jornada de gratidão e um convite para comprar a versão completa. Tudo parecia simples — porque realmente era. E a melhor parte era que ela só precisava configurar uma vez.

No início, ela gerenciava os e-mails manualmente. Mas quando sua lista ultrapassou 300 inscritos, decidiu automatizar todo o processo. Conectou Gumroad ao Make.com e criou um fluxo de trabalho: sempre que alguém comprava o diário, recebia automaticamente o link de download, era adicionado à lista de clientes, marcado como comprador e recebia um e-mail de agradecimento. Ela não precisava mais fazer nada manualmente. Depois adicionou outra automação: após 7 dias, os compradores recebiam uma mensagem perguntando como estava sendo a experiência, com um link para deixar uma avaliação. Após 14 dias, recebiam um desconto surpresa para seu próximo produto — um conjunto de prompts para journaling. Esse único fluxo dobrou o número de clientes recorrentes em duas semanas.

Jasmine também queria aumentar sua audiência com conteúdo. Mas com dois filhos menores de cinco anos, o tempo era limitado. Então ela recorreu à automação. Pediu ao ChatGPT para escrever 30 afirmações curtas e frases inspiradoras. Depois colou o conteúdo no Canva usando criação em massa e gerou um mês inteiro de posts para Instagram. Usando Metricool, programou as publicações para serem postadas automaticamente todos os dias. Também criou vídeos curtos com narração usando Pictory e ElevenLabs. Seu número de seguidores começou a crescer. As pessoas começaram a enviar mensagens perguntando sobre o diário.

Todos os dias novos leads entravam em seu funil sem que ela precisasse criar nada novo.

Ela continuou evoluindo o sistema. Jasmine criou um painel no Notion onde acompanhava vendas semanais, novos assinantes de e-mail e posts com melhor desempenho. Usou Make.com para puxar dados automaticamente, sem precisar acessar várias plataformas diferentes. Seu "horário de CEO" no domingo à noite agora consistia apenas em revisar uma página e fazer pequenos ajustes. Com o tempo, ela percebeu quais lead magnets convertiam melhor, quais vídeos recebiam mais cliques e quais e-mails geravam mais vendas. Esse insight permitiu otimizar o negócio mais rápido do que ela imaginava.

Em seis meses, Jasmine construiu um negócio digital totalmente automatizado que se encaixava em seu estilo de vida. Ela gastava apenas cinco horas por semana mantendo o sistema — geralmente enquanto os filhos dormiam ou brincavam. Sua renda ultrapassou 5.000 dólares por mês e, mais importante ainda, ela finalmente se sentia presente em sua própria vida. Não estava correndo ou presa ao celular. Seu negócio funcionava como uma máquina, permitindo que ela fosse mãe, criadora e empreendedora em seus próprios termos.

O que Jasmine construiu não foi mágica. Foi um sistema. Peça por peça, ela usou IA e automação para substituir trabalho manual por fluxos inteligentes. Sem funcionários. Sem esgotamento. Apenas ações repetíveis funcionando silenciosamente nos bastidores. A história dela é uma prova do poder de empilhar pequenos passos automatizados em um negócio que escala. Se ela conseguiu fazer isso nos intervalos do seu dia — sem experiência técnica — você também pode.

Capítulo 4: Conteúdo, Cursos e Fluxo de Caixa: Produtos que se Vendem Sozinhos

Agora que seus sistemas estão configurados, é hora de focar na criação de produtos que geram renda — ativos digitais que se vendem repetidamente com pouca ou nenhuma manutenção. Este capítulo trata de transformar seu conhecimento de nicho, suas ferramentas de IA e seu stack de automação em conteúdo tangível, cursos digitais e ativos geradores de fluxo de caixa que clientes podem comprar a qualquer momento, de qualquer lugar do mundo. A verdadeira magia da IA não está apenas na criação — está em transformar o que você sabe (ou o que a IA pode ajudar a estruturar) em um produto que paga você repetidamente sem exigir esforço adicional.

Vamos começar pelo conteúdo. Seu primeiro objetivo é construir autoridade e atrair atenção através de conteúdo gratuito de valor. Isso inclui artigos de blog, newsletters por e-mail, carrosséis no Instagram, vídeos no TikTok, YouTube Shorts e materiais gratuitos de captura de leads. Use IA para criar conteúdo em lote dentro do seu nicho. Comece fornecendo ao ChatGPT 10 problemas ou dificuldades que seu público enfrenta. Em seguida, peça que ele crie ganchos, títulos, legendas, roteiros e até chamadas para ação. Se quiser avançar rápido, use uma biblioteca de prompts para criar 30 dias de conteúdo em menos de duas horas. Conteúdo gera confiança — e confiança vende produtos.

Depois que sua máquina de conteúdo estiver funcionando, transforme esse conteúdo em produtos. O caminho mais fácil é começar com produtos digitais para download: ebooks, guias, templates, checklists, pacotes de prompts de IA, planners e kits de ferramentas. Esses itens resolvem problemas pequenos, mas específicos. Por exemplo, se você ajuda treinadores de fitness, pode criar um pacote chamado "30 Prompts de ChatGPT para Automatizar Seu Conteúdo de Fitness". Use Canva para formatar, ChatGPT para gerar o conteúdo e Gumroad ou Payhip para vender. Com IA, você pode criar e publicar um produto em 48 horas ou menos.

Depois disso, avance para cursos. Eles não precisam ser longas séries de vídeos altamente produzidos. Na verdade, você pode construir mini cursos completos usando slides, gravações de tela ou narrações explicativas. Um curso de 30 minutos que resolve um problema real pode gerar mais renda do que um curso de três horas que não entrega resultados. Use ChatGPT para criar o roteiro das aulas, escrever scripts e até gerar exemplos visuais ou estudos de caso. Ferramentas como Tella, Loom ou Descript tornam a gravação do curso rápida e simples

— especialmente quando combinadas com slides gerados por IA ou hubs de conteúdo criados no Notion.

Lembre-se de que seu produto não precisa ser baseado apenas na sua experiência. A IA pode ajudar você a pesquisar, organizar e até escrever seu curso ou ebook. O que realmente importa é que o produto final entregue resultados. Se você combinar sua experiência, o poder da IA e uma transformação clara para o comprador, seu produto terá valor. Adicione bônus como templates, checklists ou estudos de caso para aumentar o valor percebido. Depois use automação para oferecer esses ativos como upsells após a primeira compra do cliente.

Para gerar fluxo de caixa de forma consistente, utilize estratégias de preço que funcionem com seu funil. Comece com um produto de baixo custo (menos de 30 dólares) para gerar volume e construir confiança. Depois ofereça um pacote ou curso de maior valor (97 a 197 dólares) quando a pessoa já estiver em sua lista. Use automações para ativar upsells, descontos por tempo limitado e lembretes baseados no comportamento do cliente. Seu funil deve funcionar 24 horas por dia, gerando vendas até enquanto você dorme.

Ofereça variedade na forma como seu conteúdo é consumido. Transforme seu ebook em um audiolivro usando ElevenLabs ou PlayHT. Converta seu checklist em um template do Canva. Use seu conteúdo de blog para criar um hub de curso no Notion. Cada ativo digital que você cria pode ser reaproveitado em um segundo, terceiro ou quarto formato — e cada formato se torna uma nova fonte de renda. Quanto mais formatos você oferecer, mais compradores conseguirá converter de acordo com as preferências deles.

Teste tudo. Seu primeiro produto não será perfeito — e isso é normal. O segredo é velocidade e feedback. Lance uma versão mínima viável, colete avaliações, melhore o produto e relance. A IA permite iterar rapidamente. Use Make.com para automatizar a coleta de avaliações ou pesquisas pós-venda. Com o tempo, você construirá um portfólio de produtos digitais que convertem de forma consistente e entregam valor real ao seu público.

Ao transformar seu conteúdo impulsionado por IA em cursos, templates e ferramentas, você passa de criador para dono de negócio. Você não está mais apenas publicando por diversão — está vendendo ativos que geram liberdade. No próximo capítulo, você aprenderá como atrair leads automaticamente para esses produtos usando estratégias de marketing alimentadas por IA que expandem sua marca e sua renda de forma exponencial.

Como Marcus lucrou com seu mini curso

Marcus sempre teve facilidade para explicar coisas. Como ex-professor de ciências do ensino fundamental, ele tinha talento para transformar tópicos complexos em aulas claras e envolventes. Depois de deixar a sala de aula durante a pandemia, começou a publicar vídeos educativos curtos no TikTok para manter suas habilidades afiadas e talvez ganhar alguma renda extra. Ele nunca imaginou que aquilo se transformaria em algo muito maior. No começo, seus vídeos eram simples: "Por que o céu é azul", "Como funciona a fotossíntese", "O que é entrelaçamento quântico". Ele usava ChatGPT para escrever roteiros curtos e Canva para adicionar animações simples. Em dois meses, um de seus vídeos viralizou. Milhares de novos seguidores apareceram da noite para o dia, e muitos começaram a perguntar a mesma coisa: "Você tem um curso que eu possa comprar?"

Essa pergunta plantou a semente. Marcus nunca tinha pensado em si mesmo como criador de cursos, mas claramente havia demanda. Ele pediu ao ChatGPT que o ajudasse a criar o esboço de um curso chamado Ciência do Dia a Dia Explicada: 10 Conceitos que Vão Explodir Sua Mente. Usou um Google Doc para organizar as aulas e depois gravou vídeos curtos de cinco minutos usando Loom, explicando slides que havia criado no Canva. Ele nem apareceu nos vídeos — apenas compartilhamento de tela e narração. Em menos de uma semana, tinha um mini curso completo e o colocou à venda no Gumroad por 29 dólares. Fez três vendas no primeiro dia. No final da semana, já tinha 48 vendas. A renda era ótima — mas o que mais o surpreendeu foi o feedback. As pessoas adoraram seu estilo de ensino, a simplicidade e a clareza.

Esse sucesso deu impulso a Marcus. Ele transformou seus roteiros em um workbook digital usando Notion. Depois gravou uma versão em audiolivro do curso usando ElevenLabs. Sem perceber, agora tinha três produtos a partir do mesmo conteúdo original: um curso em vídeo, um workbook digital e um audiolivro. Ele reuniu tudo em um pacote premium de 97 dólares e adicionou um bônus chamado "Guia de Prompts de IA para Educadores", que criou em uma única tarde com ChatGPT. Esse pacote se tornou seu produto mais vendido e representou 70% de sua renda.

Para escalar ainda mais, Marcus começou a publicar conteúdo de forma consistente — vídeos diários no TikTok e Instagram, todos criados em lote usando ferramentas de IA. Ele usou Metricool para programar as publicações e garantiu que cada uma tivesse uma chamada para ação clara: "Link na bio para o curso completo". Também criou um curso gratuito por e-mail usando ConvertKit — uma série de mini aulas de ciência enviada automaticamente para novos inscritos durante três dias. Esse funil direcionava para seu curso de 29 dólares e, depois, para seu pacote de 97 dólares. Ele adicionou uma automação que enviava um e-mail de lembrete com um cupom de desconto por tempo limitado para quem clicava mas não comprava. Suas vendas aumentaram 35% depois de implementar apenas esse recurso.

No quinto mês, Marcus estava ganhando mais de 6.000 dólares por mês — inteiramente com produtos digitais. Sem problemas de atendimento ao cliente. Sem gastos com anúncios. Sem estoque. Apenas conteúdo útil impulsionado por IA, distribuído nas redes sociais e entregue por sistemas inteligentes. O que começou como curiosidade se transformou em um negócio digital completo.

Marcus não tinha uma audiência enorme, um site sofisticado ou uma estrutura tecnológica complexa. O que ele tinha era clareza. Ele sabia quem estava ajudando, quais problemas estava resolvendo e como entregar esse valor nos formatos que as pessoas queriam. Ele focou no essencial: conteúdo que educa, produtos que resolvem problemas e sistemas que vendem. A IA tornou tudo mais rápido. A automação tornou tudo mais simples. E a história dele prova que, com algumas ferramentas inteligentes e a mentalidade certa, qualquer pessoa pode transformar conhecimento em fluxo de caixa.

Capítulo 5: Geração de Leads no Piloto Automático com IA

Não importa quão bom seja seu produto digital, ele não gerará dinheiro se as pessoas não souberem que ele existe. É por isso que a geração de leads é o motor do seu negócio alimentado por IA. O objetivo não é apenas tráfego — são leads qualificados: pessoas interessadas no seu nicho, que enxergam valor na sua oferta e estão dispostas a gastar dinheiro. Na era digital, atenção é moeda. Mas com IA, você não precisa correr atrás de leads ou trabalhar manualmente em todas as plataformas. Você pode construir sistemas de geração de leads que funcionam 24 horas por dia, atraem compradores ideais e alimentam automaticamente seu funil sem anúncios pagos ou publicações constantes.

A base da geração de leads é o conteúdo — mas não conteúdo aleatório. Você precisa de conteúdo intencional que atraia, eduque e converta. Use o ChatGPT para criar roteiros curtos otimizados para viralização: vídeos de 15 a 60 segundos com um gancho forte, valor claro e uma chamada para ação. Transforme esses roteiros em Reels, Shorts e TikToks usando Invideo, Pictory ou o editor de vídeo do Canva. Produza vídeos em lote, criando ou gerando de 10 a 20 de cada vez, e programe a publicação em várias plataformas usando

Metricool ou Buffer. Cada vídeo deve terminar com uma chamada para ação: "Baixe o guia gratuito", "Participe do meu curso gratuito por e-mail" ou "Baixe o checklist gratuito" — todos direcionando para a página do seu lead magnet.

Seu lead magnet é sua ferramenta de conversão mais importante. Ele deve ser específico, rápido de consumir e imediatamente valioso. Exemplos incluem pacotes de prompts de IA, folhas de dicas, mini cursos, templates ou downloads em áudio. Crie esses materiais com ChatGPT e Canva e entregue-os através de plataformas de e-mail como ConvertKit, MailerLite ou Flodesk. Configure automações para que, assim que alguém se inscrever, receba uma sequência de e-mails: o primeiro entrega o material gratuito e os seguintes apresentam seus produtos. Esses e-mails não precisam ser sofisticados — apenas úteis, honestos e diretos, com a IA ajudando a escrever ou editar rapidamente.

Não se limite a uma única plataforma. Multiplique seu alcance. Reaproveite seu conteúdo em vários canais. Um YouTube Short pode se tornar um Instagram Reel, um vídeo no TikTok e uma publicação no LinkedIn. O link da sua página de captura deve estar em todas as biografias e ser mencionado em todas as legendas. Use ferramentas como Solo.to ou Beacons para criar um hub de links otimizado para dispositivos móveis que conecte todas as suas ofertas, materiais gratuitos e canais em um só lugar. Com conteúdo gerado por IA e agendamento inteligente, você permanecerá visível sem precisar estar constantemente online.

A IA também pode ajudar na geração de leads por meio de SEO. Use ChatGPT para criar artigos de blog focados em palavras-chave de cauda longa dentro do seu nicho. Ferramentas como NeuronWriter ou Surfer SEO podem ajudar a otimizar a estrutura do conteúdo. Depois de publicado, utilize Make.com para automatizar o compartilhamento em várias plataformas ou avisar sua lista de e-mails. Mesmo um único artigo bem posicionado pode gerar centenas de leads por mês — de forma passiva. Combine isso com pins no Pinterest (criados com Canva e títulos gerados por IA) e você poderá construir um sistema de tráfego de longo prazo sem gastar com anúncios.

Para automatizar ainda mais seu fluxo de leads, use quizzes ou ferramentas de diagnóstico. Plataformas como Tally e Typeform permitem criar quizzes como “Que tipo de X você é?” que segmentam seus leads e recomendam o produto certo. Combine isso com textos criados por IA e fluxos de lógica, e você terá um lead magnet gamificado, divertido e eficaz. Você pode até integrar as respostas do quiz à sua plataforma de e-mail para enviar mensagens personalizadas com base nos resultados. Isso aumenta significativamente as taxas de abertura, cliques e conversões.

Certifique-se de acompanhar tudo. Use um painel no Notion ou Airtable para monitorar quantos leads você recebe por dia, de onde eles vêm e quais convertem. Com o tempo, você descobrirá quais fontes de tráfego e quais lead magnets têm melhor desempenho. Então você concentra esforços no que funciona e elimina o que não funciona. Esse ciclo contínuo de melhoria é o que transforma crescimento lento em um efeito bola de neve constante.

Por fim, sempre entregue valor primeiro. A melhor geração de leads é baseada em serviço — ajudar genuinamente as pessoas antes de pedir algo em troca. Se seu conteúdo resolve problemas, seu lead magnet oferece resultados rápidos e seu produto é o próximo passo natural, seu público retribuirá com atenção — e com compras. Com IA e automação ao seu lado, sua geração de leads se torna um sistema, não um esforço constante. E quando esse sistema estiver funcionando bem, escalar sua renda se torna inevitável.

A experiência de Tyler nas redes sociais

Tyler estava vendendo um pacote de prompts de IA de 27 dólares para agentes imobiliários havia três semanas. Ele havia feito algumas vendas por indicação e com alguns posts em grupos do Facebook, mas os resultados eram inconsistentes.

Alguns dias tinha duas vendas, outros dias nenhuma. Ele sabia que tinha um ótimo produto — o problema era que não tinha uma maneira consistente de fazer as pessoas descobrirem sua oferta. No início pensou em rodar anúncios, mas a ideia de gastar dinheiro sem saber o que funcionaria o fez hesitar. Foi então que encontrou um vídeo no YouTube chamado "Como Construí uma Máquina de Leads com IA Gratuita que Funciona Sozinha". Ele clicou — e tudo mudou.

O criador explicava como usar ChatGPT para escrever roteiros virais de vídeo, usar Invideo para criar vídeos curtos e programar tudo usando Metricool. Tyler começou a anotar tudo. Naquela noite, pediu ao ChatGPT para escrever dez roteiros respondendo perguntas que agentes imobiliários provavelmente pesquisariam no Google: "Como usar IA para escrever descrições de imóveis", "Ferramentas de IA que substituem seu assistente", "Como economizar 10 horas por semana como corretor". Ele fez pequenas edições nos roteiros, colocou tudo no Invideo, adicionou alguns ícones e música e programou os vídeos no TikTok, YouTube Shorts e Instagram Reels. Cada vídeo terminava com a frase: "Baixe o guia gratuito de IA para corretores — link na bio."

Mas ele ainda não tinha um guia — então criou um. Levou menos de duas horas usando ChatGPT e Canva. Ele criou um lead magnet chamado "Os 10 Melhores Prompts de IA que

Todo Corretor Precisa" e o conectou a uma página de captura no MailerLite. Quando alguém fazia o download, era automaticamente adicionado a uma sequência de e-mails escrita com IA. O primeiro e-mail entregava o material gratuito, o segundo apresentava seu pacote pago de prompts e o terceiro oferecia um desconto por tempo limitado. Ele escreveu os três e-mails com ChatGPT e configurou tudo para funcionar automaticamente.

Em poucos dias, começou a ver inscrições na lista de e-mails vindas de seus vídeos curtos. Depois vieram as vendas. Sua lista passou de zero para 500 pessoas em três semanas — tudo organicamente. Um de seus vídeos no TikTok ultrapassou 40.000 visualizações. Um influenciador do mercado imobiliário compartilhou o vídeo. O painel do MailerLite parecia uma árvore de Natal cheia de notificações. E a melhor parte era que ele não estava enviando mensagens manualmente ou fazendo prospecção fria. Tudo funcionava nos bastidores enquanto ele se concentrava em melhorar suas ofertas e otimizar seu funil.

O próximo passo de Tyler foi SEO. Ele escreveu cinco artigos de blog usando ChatGPT e os otimizou para palavras-chave como "IA para marketing imobiliário" e "melhores ferramentas de IA para corretores". Publicou os artigos em seu site no Notion e os compartilhou em suas redes sociais. Usou Canva para criar pins no Pinterest para cada artigo e programou as publicações para o mês seguinte. Ele não era especialista em Pinterest — mas não precisava ser. A IA o ajudou a formatar títulos, criar descrições e produzir infográficos simples que pareciam profissionais.

Depois ele criou um quiz. Usando Tally, desenvolveu "Que Tipo de Corretor com IA Você É?" — um quiz de personalidade com sete perguntas que classificava os corretores em quatro perfis diferentes e recomendava um pacote específico de produtos no final. As pessoas adoraram. Compartilharam seus resultados, enviaram para amigos e clicaram nos links. Tyler conectou o Tally ao MailerLite para que cada participante recebesse e-mails personalizados com base no resultado. Suas taxas de abertura e cliques dispararam.

No segundo mês, Tyler já tinha mais de 1.800 inscritos em sua lista. Seu pacote de prompts de IA estava gerando cerca de 3.000 dólares por mês em vendas — sem gastar um único dólar em anúncios. Seus vídeos continuavam trazendo tráfego, seus artigos começavam a ranquear no Google e seu quiz continuava gerando leads automaticamente. Ele finalmente havia escapado do ciclo de vendas inconsistentes.

Olhando para trás, Tyler percebeu que o segredo não era apenas criar um bom produto — era construir uma máquina de geração de leads. A IA lhe deu as ferramentas para escrever mais rápido, criar designs mais rapidamente e automatizar de forma inteligente. Ele não precisava ser um gênio do marketing. Apenas precisava conectar os elementos certos: conteúdo que ajuda, um material gratuito que converte e um sistema que faz o acompanhamento. Seu negócio não apenas cresceu — começou a escalar. E tudo começou no dia em que ele parou de perseguir leads e deixou a IA trazê-los até ele.

Capítulo 6: Monetizando com Minimalismo: Sem Escritório, Sem Equipe, Sem Problema

O antigo modelo de negócios era baseado na complexidade – escritórios, funcionários, reuniões, gerentes e inúmeras camadas de estrutura. Mas na economia atual impulsionada por IA, ser enxuto é poderoso. Você não precisa mais de uma grande equipe ou de um escritório sofisticado para ganhar muito dinheiro. Na verdade, muitos dos negócios de IA mais lucrativos hoje são administrados por apenas uma pessoa com um produto claro, alguns sistemas inteligentes e uma mentalidade minimalista. Este capítulo trata de simplificar a estrutura do seu negócio enquanto maximiza sua renda. O objetivo é liberdade, não excesso de trabalho. Você não está tentando parecer impressionante — está construindo um sistema que gera renda sem caos.

Comece pelo seu espaço de trabalho. Você não precisa de um escritório alugado ou de vários monitores. Um laptop, um telefone e acesso à internet são tudo o que você realmente precisa. Use o Notion como sede do seu negócio. Crie painéis para acompanhar sua renda, projetos, ideias, feedback de clientes e métricas de crescimento. Construa bancos de dados para armazenar prompts de IA, bibliotecas de conteúdo e roteiros de produtos. O Notion substitui dezenas de aplicativos em um único lugar, economizando tempo e reduzindo a carga mental.

Em seguida, simplifique sua comunicação. Como você não tem uma equipe, elimine reuniões internas completamente. Use ferramentas como Tella ou Loom para gravar atualizações para você mesmo ou para futuros colaboradores. Essas ferramentas também são perfeitas para vídeos de treinamento, tutoriais de produtos e conteúdos de onboarding para clientes. Uma única gravação pode servir centenas de clientes ou futuros colaboradores sem exigir seu tempo novamente. Pense sempre em processos assíncronos e conteúdos permanentes.

Para atendimento ao cliente, use IA para eliminar 90% do trabalho. Crie uma seção de perguntas frequentes usando ChatGPT e transforme-a em um chatbot com ferramentas como Tidio, Intercom ou Chatbase. Você pode incorporar esse chatbot em suas páginas de produtos, plataformas de cursos ou páginas de captura para responder perguntas instantaneamente. Para suporte por e-mail, use respostas prontas geradas por IA que abordem problemas comuns como acesso ao produto, ajuda com login ou solicitações de reembolso. A maioria das interações com clientes é repetitiva — então automatize as respostas e recupere seu tempo.

Quando se trata de operações, minimalismo significa usar o menor número possível de ferramentas — e garantir que elas se integrem. Prefira plataformas que façam mais de uma coisa. Gumroad, por exemplo, gerencia pagamentos, hospedagem de produtos, coleta de e-mails e análises de clientes. Canva funciona para design, apresentações e até agendamento de conteúdo para redes sociais. ConvertKit oferece e-mail marketing e páginas de captura. Make.com conecta todos os seus aplicativos. Você não precisa de dezenas de ferramentas — precisa de algumas confiáveis que conversem entre si e funcionem nos bastidores.

Evite a tentação de terceirizar tudo cedo demais. Muitas pessoas se apressam em contratar assistentes virtuais ou freelancers, achando que isso economizará tempo. Mas mais pessoas significam mais gestão, mais instruções e mais complexidade mental. Em vez disso, desafie-se a ver o que a IA pode substituir primeiro. Antes de contratar um redator, tente o ChatGPT. Antes de contratar um editor de vídeo, experimente Pictory. Antes de contratar suporte ao cliente, use um chatbot. Muitas vezes você descobrirá que a tarefa é realizada mais rápido, mais barato e com mais consistência — sem adicionar uma nova pessoa para gerenciar.

Organize seu trabalho em torno de atividades de alto impacto. Use um “dia de CEO” semanal para revisar seu painel de vendas, métricas de conteúdo e desempenho das automações. Identifique gargalos, corrija pontos de fricção e crie sistemas para resolvê-los. Dedique 80% do seu tempo à criação de produtos, conteúdo e sistemas que geram renda passiva. Evite tarefas que não produzem diretamente crescimento ou receita, a menos que estejam totalmente automatizadas. Um negócio minimalista é focado, não disperso.

Financeiramente, mantenha suas despesas enxutas. Evite excesso de softwares, duplicação de ferramentas e assinaturas desnecessárias. Acompanhe seus custos mensais no Notion ou em uma simples planilha do Google Sheets. Calcule sua relação entre renda e esforço todos os meses. Se um produto ou sistema gera renda com pouco esforço, concentre-se nele. Se exige muito trabalho manual, automatize ou elimine. Lucratividade não vem de mais esforço — vem de mais alavancagem.

No fim das contas, monetizar com minimalismo significa construir um negócio que oferece liberdade de tempo, liberdade de localização e clareza mental. IA e automação permitem reduzir ruído enquanto aumentam sua renda. Você não precisa de um império que pareça um império. Precisa apenas de uma máquina eficiente e simplificada funcionando silenciosamente nos bastidores. No próximo capítulo, exploraremos como usar essa estrutura enxuta para construir uma marca global a partir de casa.

O Kit de IA do Solopreneur

Lena nunca gostou da ideia de gerenciar pessoas. Ela trabalhou durante anos em operações corporativas e sabia como rapidamente uma equipe podia se transformar de um ativo em um problema. Reuniões, conflitos, faltas, choques de personalidade — tudo isso a desgastava. Então, quando deixou seu emprego para construir algo próprio, fez uma promessa a si mesma: sem escritório, sem funcionários, sem grandes custos fixos. Ela queria liberdade, não complexidade. No começo, ela nem se considerava uma empreendedora. Só queria ganhar o suficiente para pagar o aluguel, comprar tempo para si mesma e parar de checar e-mails obsessivamente todas as manhãs.

Ela começou de forma simples. Lena criou um guia digital de 17 dólares chamado O Kit de IA do Solopreneur, uma coleção de templates de prompts, ferramentas e automações que ela usava para manter a produtividade e economizar tempo. Usou Canva para criar o design do guia, Notion para organizar o processo e Gumroad para vender. Na primeira semana, fez 14 vendas a partir de uma única publicação no Reddit. Animada com o resultado, criou uma página de captura no ConvertKit, ofereceu um lead magnet chamado “5 Hacks de IA para Produtividade” e escreveu três e-mails automatizados usando ChatGPT. Seu funil era simples, limpo e eficaz. Em um mês, tinha 500 inscritos na lista de e-mails e estava ganhando mais de 1.000 dólares por mês — sem anúncios, sem chamadas de vendas e sem equipe.

Mas o que realmente mudou tudo foi quando ela se perguntou: “O que mais posso eliminar?” Ela percebeu que a maior parte de sua energia era consumida por tarefas repetitivas: responder perguntas, publicar atualizações e verificar pedidos. Então começou a simplificar tudo. Usou ChatGPT para criar uma seção detalhada de perguntas frequentes e a transformou em um chatbot usando Chatbase. Agora, visitantes do site podiam obter ajuda instantânea 24 horas por dia. Ela gravou um único vídeo de três minutos no Loom dando boas-vindas aos compradores, explicando o produto e respondendo perguntas comuns — eliminando quase todos os e-mails de suporte. Também programou todo o conteúdo nas redes sociais usando Metricool em lotes semanais, fazendo com que suas redes funcionassem automaticamente enquanto ela trabalhava ou descansava.

Seu espaço de trabalho era ainda mais simples: um laptop, fones de ouvido, Notion e duas abas do navegador abertas por vez. Ela criou um painel no Notion para gerenciar finanças, ideias, metas e roteiro de produtos. Todo domingo, dedicava 90 minutos para revisar métricas: vendas, taxas de abertura de e-mails, posts com melhor desempenho e solicitações de reembolso. Se algo não funcionava, ela mudava. Se algo funcionava, ela ampliava. Sem complicações — apenas ações silenciosas e deliberadas.

Lena também evitou a pressão de "parecer grande". Não contratou assistente virtual. Não terceirizou textos nem edição de vídeo. Se uma tarefa não pudesse ser feita com IA ou uma ferramenta simples de arrastar e soltar, provavelmente ela não precisava dela. Usou ElevenLabs para narrar seus guias digitais em versões de áudio curtas, transformou artigos de blog em Reels com Pictory e usou Canva para criar tudo — desde mockups de produtos até pins para Pinterest. Sua regra era simples: se tivesse que fazer algo mais de uma vez, precisava ser automatizado ou eliminado.

Seis meses depois, Lena estava ganhando mais de 7.500 dólares por mês com dois produtos e um mini curso — tudo automatizado, tudo passivo. Suas operações diárias levavam menos de 90 minutos. Ela trabalhava de pijama, muitas vezes de uma casa de praia ou de um café, e viajava com frequência. Seus clientes acreditavam que ela tinha uma pequena equipe. Ela nunca os corrigiu. A verdade? Seus únicos "funcionários" eram ChatGPT, Make.com e um painel bem organizado no Notion.

A história de Lena não é sobre evitar trabalho duro — é sobre trabalhar com clareza. Ela não construiu uma empresa no sentido tradicional. Ela construiu um sistema. Projetou um estilo de vida que lhe dava paz em vez de pressão. E ao adotar o minimalismo e deixar a IA fazer o trabalho pesado, ela provou algo poderoso: um negócio de uma pessoa pode parecer, ganhar e operar como uma empresa completa — sem o estresse. Sem escritório. Sem equipe. Sem problema.

Capítulo 7: Como Construir uma Marca Global a Partir de Casa

No mundo digital de hoje, a geografia já não limita as oportunidades. Com os sistemas, conteúdos e ferramentas certos, você pode construir uma marca global a partir do conforto da sua casa — alcançando clientes em diferentes países, culturas e fusos horários. O que antes exigia uma agência de marketing, uma equipe de relações públicas corporativa e parcerias internacionais agora pode ser realizado por uma única pessoa com uma mensagem clara, um celular e inteligência artificial. Construir uma marca global não depende mais de tamanho — depende de clareza, consistência e automação inteligente.

O primeiro passo é definir a identidade da sua marca. Quem você está ajudando e qual transformação está oferecendo? Uma marca global não tenta ser tudo para todos. Ela resolve um problema específico para um público claramente definido — e faz isso de uma maneira que parece pessoal. Comece escrevendo uma promessa de marca em uma frase: "Eu ajudo [público] a alcançar [resultado] usando [método ou abordagem]." Por exemplo: "Eu ajudo empreendedores iniciantes a construir fontes de renda passiva usando ferramentas de IA — sem programação ou capital inicial." Essa clareza deve aparecer em todo o seu conteúdo, biografias, assinatura de e-mail e páginas de produto. Repetição gera reconhecimento.

Em seguida, escolha a voz e o design da sua marca. Ferramentas de IA como ChatGPT podem ajudá-lo a desenvolver um guia de tom para suas mensagens — formal, amigável, descontraído ou autoritário. Use o Canva para criar kits de marca que incluam cores, fontes, variações de logotipo e estilos visuais. Uma estética consistente em todas as plataformas (Instagram, LinkedIn, YouTube, newsletters) torna seu negócio memorável e profissional, mesmo que você esteja trabalhando sozinho da mesa da cozinha.

Agora transforme sua mensagem em vários formatos de conteúdo para alcançar pessoas em diferentes idiomas, culturas e plataformas. Use ChatGPT ou DeepL para traduzir seu conteúdo para espanhol, francês ou qualquer outro idioma relevante para seu público. Se você tiver um curso ou produto, grave versões multilíngues ou adicione legendas traduzidas usando ferramentas como Kapwing ou Subly. Isso expande imediatamente seu alcance de mercado e posiciona sua marca como internacional.

Aproveite plataformas que têm distribuição global. O YouTube, por exemplo, é acessível em mais de 100 países.

Publicar Shorts gerados por IA ou vídeos explicativos mais longos permite construir confiança em grande escala. Instagram Reels, TikTok e Pinterest também têm alcance global e são ideais para contar histórias visuais. Cada vez que alguém compartilha, salva ou comenta seu conteúdo, novas portas se abrem além das fronteiras. Use ferramentas de agendamento como Metricool para publicar em diferentes fusos horários e acompanhar o engajamento global.

Para expandir ainda mais a presença global da sua marca, crie produtos digitais que não dependam de localização. Ebooks, pacotes de prompts, templates, treinamentos em áudio e cursos baseados em Notion podem ser entregues instantaneamente para qualquer pessoa, em qualquer lugar. Use Gumroad, Payhip ou LemonSqueezy para aceitar pagamentos globalmente e oferecer preços em várias moedas. Isso reduz o atrito na compra e aumenta as conversões internacionais. Utilize Make.com para segmentar clientes por país ou idioma e enviar e-mails personalizados após a compra.

Para apoiar e engajar seu público global, crie espaços de comunidade. Construa uma newsletter privada, um grupo no Telegram ou um servidor no Discord. Use Notion ou Skool para hospedar um site de membros simples onde clientes de todo o mundo possam aprender, fazer perguntas e se conectar. Mantenha a interface simples, limpa e amigável para dispositivos móveis. A IA pode ajudar a moderar, responder perguntas frequentes e traduzir mensagens para que ninguém se sinta excluído.

Estabeleça credibilidade com depoimentos globais. Peça aos clientes satisfeitos que gravem avaliações curtas em vídeo ou texto. Use ferramentas de voz com IA para narrar esses depoimentos em vários idiomas e incorpore-os na sua página de vendas. Adicione bandeiras de países ou etiquetas de idioma para destacar a diversidade da sua base de clientes. Quando pessoas do Brasil, Índia, França ou Canadá se veem representadas, confiam mais rapidamente na sua marca.

Por fim, faça da sua história parte da sua marca. Mostre às pessoas que você é um negócio de uma pessoa usando IA para construir algo real. Compartilhe bastidores dos seus sistemas, ferramentas e processos. As pessoas não compram apenas produtos — compram histórias. Quando elas veem você, em casa, criando com propósito e atendendo um público global, sentem inspiração. E inspiração gera lealdade.

Com a mensagem certa, automação e uma estratégia sólida de conteúdo, você pode crescer muito além da sua cidade. Você não precisa de uma equipe, escritório ou agência de publicidade para ser visto no mundo todo. Só precisa de um sistema, uma história e disposição para aparecer de forma consistente. No próximo capítulo, você aprenderá como escalar essa marca para um negócio de seis dígitos — alimentado quase inteiramente por IA.

Clareza no Caos

Amara vivia em um pequeno apartamento em Nairóbi, no Quênia, onde quedas de energia e internet instável faziam parte do cotidiano. Ela havia estudado marketing na faculdade, mas teve dificuldade para conseguir um emprego tradicional após a graduação. O que ela tinha era um celular, um laptop e um forte desejo de criar algo próprio. Sempre gostou de desenvolvimento pessoal e escrita em diário e, durante os períodos de lockdown, começou a publicar frases motivacionais e prompts de journaling no Instagram. Seus posts eram simples, mas sinceros. Um dia, uma pessoa do Canadá enviou uma mensagem: "Você vende esses prompts como produto?"

Essa pergunta acendeu uma ideia. Amara passou a semana seguinte criando seu primeiro produto digital: um diário digital de 30 dias chamado Clareza no Caos. Ela usou Canva para o design, ChatGPT para ajudar a escrever os prompts e Gumroad para vender. Definiu o preço em 10 dólares. No dia do lançamento, fez apenas uma venda — de alguém na Austrália. Aquela pequena venda a animou profundamente.

Ela não estava apenas criando conteúdo. Estava construindo uma marca — e não apenas no Quênia, mas no mundo inteiro.

Ela decidiu usar sua história como parte da marca. Em seus Reels no Instagram, mostrou bastidores de como estava criando seu produto digital durante apagões, trabalhando à luz de velas e gravando narrações com ElevenLabs. Era honesta, autêntica e extremamente relacionável. Compartilhou como a IA estava ajudando-a a competir globalmente mesmo sem um grande orçamento ou estrutura sofisticada. Seu conteúdo começou a ser compartilhado — primeiro por criadores africanos, depois por nômades digitais internacionais. O número de seguidores começou a crescer.

Amara decidiu transformar seu diário em um produto global. Usou DeepL e ChatGPT para traduzi-lo para espanhol e francês. Adicionou essas versões à sua loja no Gumroad e atualizou a página de vendas com bandeiras internacionais e descrições traduzidas. As vendas triplicaram. Começou a receber mensagens da Argentina, Marrocos e Suíça. As pessoas ficavam impressionadas que alguém de uma região distante do mundo estava criando conteúdo com o qual elas podiam se identificar — e queriam mais.

Ela lançou um lead magnet gratuito chamado 7 Dias de Reflexão Guiada, traduzido para três idiomas. Usou MailerLite para automatizar a entrega e a sequência de nutrição. Novos inscritos entravam em seu funil de produto digital e, após a compra, recebiam uma oferta de um curso em áudio de 47 dólares narrado com voz de IA no idioma escolhido. Sua renda começou a se estabilizar. Sua marca passou de uma conta no Instagram para um hub global de desenvolvimento pessoal – tudo construído a partir de seu laptop, em seu quarto.

O que fez a marca de Amara crescer não foram apenas os produtos – foi sua presença. Ela apareceu de forma consistente, compartilhou sua história com vulnerabilidade e usou todas as ferramentas de IA disponíveis para eliminar barreiras de idioma e tecnologia. Programou seu conteúdo antecipadamente usando Metricool e acompanhou seu crescimento em um painel no Notion que ela mesma criou. Transformou sua jornada individual em uma fonte de conexão para milhares de pessoas que se sentiram vistas e fortalecidas por sua mensagem.

No sexto mês, Amara já tinha clientes em mais de 40 países e havia gerado mais de 8.000 dólares em vendas. Foi convidada para participar de painéis virtuais, apareceu como convidada em blogs e até foi entrevistada em um podcast do Reino Unido. Tornou-se uma marca global sem nunca sair de sua cidade. E cada parte de seu negócio – marketing, criação de produtos e entrega ao cliente — era impulsionada por IA e sistemas inteligentes.

A história de Amara é uma prova do que é possível hoje. Você não precisa de conexões. Não precisa de capital inicial. Não precisa de condições perfeitas. Você só precisa da coragem de começar, da disciplina para continuar aparecendo e da criatividade para usar as ferramentas que tem. Com IA e autenticidade, ela construiu uma marca que ultrapassou fronteiras — e você também pode.

Capítulo 8: Escalando para Seis Dígitos Usando Sistemas Baseados Apenas em IA

Alcançar mais de 10 mil dólares por mês não significa trabalhar mais duro — significa escalar de forma mais inteligente. Depois que seus primeiros produtos digitais começam a vender e seus sistemas passam a funcionar no piloto automático, o próximo desafio é transformar esse sucesso em uma fonte de renda de seis dígitos. Escalar não significa fazer mais tarefas manualmente; significa melhorar o que já funciona, aumentar o alcance, empilhar novas fontes de receita e reforçar a automação. Neste capítulo, você aprenderá como usar sistemas alimentados por IA para escalar seu negócio de uma pessoa para uma renda global consistente — sem esgotamento ou uma grande equipe.

O primeiro passo para escalar é refinar seu funil. Analise seu lead magnet atual, sua sequência de e-mails e o fluxo de produtos. Use análises do ConvertKit, MailerLite ou Notion para identificar pontos onde as pessoas abandonam o processo. As pessoas estão abrindo os e-mails mas não clicando? Estão clicando mas não comprando? Use ChatGPT para reescrever linhas de assunto, ganchos e chamadas para ação. Uma única sequência melhorada pode aumentar conversões em 20% a 50%. Faça testes A/B com títulos, botões e ofertas. Escalar começa otimizando o que você já tem, não criando algo novo toda semana.

Em seguida, multiplique suas fontes de tráfego. Se você depende apenas de tráfego orgânico de uma única plataforma, expanda para duas ou três outras. Use seus roteiros já criados com IA para gerar vídeos curtos para Instagram, TikTok e YouTube Shorts. Reaproveite seus artigos de blog em threads no Twitter, artigos no LinkedIn ou pins no Pinterest. Use Metricool para acompanhar o que gera tráfego e configurar agendamentos inteligentes. Você não está criando mais conteúdo — está multiplicando o alcance do que já foi criado, usando IA para formatar e publicar em várias plataformas.

Depois aumente a profundidade dos seus produtos. Ofereça pacotes, upsells e assinaturas. A IA pode ajudá-lo a criar versões em níveis do mesmo produto — uma versão inicial, uma versão profissional e um pacote premium. Você também pode criar produtos relacionados usando estruturas existentes. Por exemplo, transforme um único ebook em uma versão em áudio, uma versão imprimível, um curso e um guia de acompanhamento. Use ferramentas como ElevenLabs, Canva e Notion para gerar novos formatos em horas, não em semanas. Quanto mais maneiras as pessoas tiverem de interagir com sua marca, maior será o valor médio de cada compra.

Outra estratégia de escala é o marketing de afiliados — seja tornando-se afiliado ou criando seu próprio programa. Promova ferramentas de IA que você já usa e confia, inserindo links de afiliado em seus produtos, páginas de agradecimento e descrições no YouTube. Inscreva-se em programas como Gumroad Discover, AppSumo ou PartnerStack. Você também pode permitir que outras pessoas promovam seus produtos. Configure um painel de afiliados usando Gumroad ou Payhip e recrute microinfluenciadores em seu nicho. A IA pode ajudar a escrever e-mails de convite, criar gráficos promocionais e desenvolver textos de divulgação para seus parceiros.

À medida que sua marca cresce, expanda globalmente com localização. Use ferramentas de IA como DeepL, ChatGPT e Kapwing para traduzir e adicionar legendas ao seu conteúdo. Ofereça seus produtos mais populares em dois ou três idiomas adicionais. Use Notion ou Google Sheets para acompanhar fluxos de tradução e automatize a entrega com Make.com. Apenas essa estratégia pode dobrar ou triplicar sua renda sem criar novos produtos — apenas alcançando novos públicos. A IA permite fazer isso rapidamente e com baixo custo, eliminando barreiras tradicionais de expansão global.

Por fim, meça tudo e tome decisões com base em dados. Use um painel no Notion para acompanhar indicadores-chave de desempenho: vendas diárias, taxas de conversão, principais fontes de tráfego e taxas de reembolso. Toda semana, pergunte: o que está funcionando? O que pode ser automatizado ainda mais? O que precisa ser melhorado? Escalar não acontece por acaso — é resultado de decisões estratégicas consistentes baseadas em informação. A IA pode ajudar a analisar seus dados, sugerir melhorias e até implementar ajustes automaticamente usando ferramentas como Make.com.

Para escalar com equilíbrio, lembre-se: não tente fazer tudo ao mesmo tempo. Escolha uma alavanca de crescimento por vez — otimizar um funil, expandir um canal de tráfego, aumentar o valor médio do pedido — e deixe seus sistemas de IA cuidarem do resto. Este capítulo não trata de trabalhar mais. Trata-se de construir de forma mais inteligente. O próximo capítulo levará você ainda mais longe — garantindo que, à medida que cresce, sua renda permaneça estável, segura e preparada para sustentabilidade de longo prazo.

A história de Dev com Make.com

Dev sempre teve espírito empreendedor, mas seus trabalhos paralelos nunca conseguiram escalar. Ele tentou de tudo — dropshipping, freelancing e até lançar uma marca de camisetas — mas cada projeto atingia um limite. Ou exigia muito tempo ou não conseguia crescer além de algumas centenas de dólares por mês. Então ele descobriu ferramentas de IA e automação de produtos digitais. No começo, criou um pequeno planner digital baseado em Notion, aprimorado com prompts de produtividade gerados pelo ChatGPT. Usou Canva para o design, colocou o produto no Gumroad por 19 dólares e promoveu através de um lead magnet gratuito e conteúdo em vídeos curtos. O sistema funcionou — em seis semanas ele começou a ganhar entre 1.200 e 1.500 dólares por mês. Pela primeira vez, Dev não estava apenas ganhando dinheiro online — ele havia criado algo que funcionava sozinho.

Mas Dev não parou por aí. Ele queria escalar, e sabia que isso significava trabalhar de forma mais inteligente, não mais intensa. Começou otimizando seu funil. Usando Make.com, criou uma sequência pós-compra mais inteligente. Depois que alguém comprava o planner, recebia uma oferta de upsell — um calendário de conteúdo gerado por IA com prompts extras de coaching. A oferta converteu bem, adicionando cerca de mil dólares por mês sem necessidade de criar novos conteúdos. Ele também usou ChatGPT para reescrever sua série de e-mails, aumentando a taxa de cliques em quase 40%. Pequenos ajustes produziram grandes resultados.

Em seguida, Dev analisou seu tráfego. Até então, a maioria das vendas vinha do Instagram. Ele decidiu expandir para YouTube Shorts e TikTok. Em vez de começar do zero, pegou seus roteiros de maior sucesso, fez pequenas adaptações e usou Invideo para gerar novas versões de vídeo. Criou 30 conteúdos em um único fim de semana e programou as publicações em várias plataformas usando Metricool. No terceiro mês, seu alcance havia triplicado. Um vídeo curto chamado "como ganhei 2.000 dólares por mês com um planner no Notion e IA" viralizou e trouxe 400 novos inscritos para sua lista de e-mails em 48 horas.

Dev então expandiu sua linha de produtos — sem começar do zero. Transformou o planner em um painel interativo no Notion. Depois usou ElevenLabs para narrar um guia em áudio e adicionou isso à versão premium. Também usou Tally para criar um quiz chamado "Qual é o Seu Estilo de Produtividade?" que segmentava leads em diferentes sequências de e-mails. As pessoas adoraram o toque personalizado. Cada resultado do quiz terminava com uma recomendação de produto e as vendas aumentaram 25% quase imediatamente.

Para escalar ainda mais, Dev criou um programa de afiliados. Usando o recurso de afiliados do Gumroad, recrutou outros criadores de conteúdo sobre produtividade para promover seu planner. Usou ChatGPT para escrever modelos de e-mail, legendas promocionais e textos de divulgação. Nem precisou fazer prospecção ativa — apenas divulgou o programa em comunidades de Notion e grupos de produtividade. Em poucas semanas, já tinha dez afiliados promovendo seu produto de forma constante e gerando comissões. Seu alcance se expandiu para públicos que ele nunca teria encontrado sozinho.

Dev também começou a traduzir seus produtos para espanhol e hindi. Não contratou ninguém — usou ChatGPT e DeepL para escrever e ElevenLabs para gravar versões em áudio. Atualizou as páginas de produto para incluir os novos idiomas, adicionou prévias traduzidas e criou experiências de checkout localizadas usando LemonSqueezy. A resposta foi incrível. Clientes internacionais começaram a comprar e agradecer por tornar ferramentas de crescimento pessoal acessíveis em seus idiomas. Seu público cresceu e suas vendas se diversificaram.

No sexto mês, Dev atingiu 10.300 dólares em renda mensal — sem escritório, sem equipe e sem esgotamento. Todos os sistemas de seu negócio estavam otimizados. Ele tinha conteúdo automatizado, e-mails automatizados, entrega de produtos automática, upsells automáticos, suporte ao cliente automatizado e até depoimentos gerados por prompts de IA. Seu trabalho agora era supervisionar: verificar painéis, testar novas ideias e dedicar tempo a aprender em vez de trabalhar excessivamente. A melhor parte era que ele mantinha sua liberdade. Trabalhava cerca de 15 horas por semana, geralmente pela manhã, e passava as tardes caminhando, lendo ou viajando.

A jornada de Dev — de alguém preso em trabalhos paralelos para um empreendedor de IA com renda de seis dígitos — não foi baseada em sorte. Foi construída sobre sistemas simples, repetíveis e escaláveis que a IA o ajudou a criar passo a passo. Ele aprendeu que você não escala adicionando caos. Você escala refinando o que funciona, automatizando o restante e deixando a IA multiplicar seus esforços. Essa mentalidade transformou seu pequeno projeto em um negócio digital global de seis dígitos — e pode fazer o mesmo por você.

Capítulo 9: Crescimento Sustentável e Planejamento de Saída a Longo Prazo

Depois que seu negócio alimentado por IA começa a gerar receita consistente, é hora de pensar além das vendas diárias e metas semanais. Crescimento sustentável significa construir um sistema que não apenas gere bons resultados agora, mas que continue prosperando no futuro — seja com você operando, vendendo o negócio ou se afastando dele. Significa construir ativos em vez de tarefas, patrimônio em vez de apenas renda. Este capítulo trata de preparar seu império de IA para o futuro, projetando-o para escalar de forma sustentável e, eventualmente, tornar-se um ativo digital vendável — sem que você precise estar no comando todos os dias.

O primeiro passo é separar você das operações diárias. Se seu negócio depende da sua presença constante, você ainda não construiu um ativo — construiu um emprego. Comece documentando seus sistemas e processos, mesmo que você seja a única pessoa no negócio. Use Notion ou Google Docs para criar procedimentos operacionais padrão (SOPs) para tudo: como você cria conteúdo, como os produtos são entregues, como os e-mails são programados e como o atendimento ao cliente é realizado. Esses documentos terão dois propósitos: ajudarão você a delegar no futuro, se necessário, e aumentarão o valor do seu negócio caso decida vendê-lo.

Depois, sistematize suas estratégias de crescimento. Não fique perseguindo tendências ou mudando de produto constantemente. Em vez disso, construa linhas de produtos, pacotes e funis evergreen que tenham desempenho consistente. Use IA para analisar seu conteúdo de melhor desempenho, campanhas de e-mail e produtos mais vendidos. Concentre-se no que funciona e automatize testes contínuos para aprimorar ainda mais. Use Make.com ou Airtable para acompanhar valor do cliente ao longo do tempo, custos de aquisição e taxas de cancelamento. Esses não são apenas números — são alavancas para crescimento sustentável.

Para manter receita consistente, implemente fontes de renda recorrente. Em vez de depender apenas de vendas únicas de produtos, adicione assinaturas ou memberships. Isso pode incluir clubes de prompts de IA, bibliotecas de downloads digitais ou conteúdo exclusivo para sua audiência. Plataformas como Gumroad, Patreon e Memberstack permitem entregar valor recorrente com baixo custo operacional. Ferramentas de IA podem ajudar a gerar novo conteúdo mensalmente, atualizar templates ou rotacionar lead magnets — tudo sem sua participação direta.

À medida que seus sistemas ficam mais fortes, construa uma vantagem competitiva — algo que proteja seu negócio de concorrentes e imitadores. Isso pode ser sua história única, sua comunidade, frameworks proprietários ou bibliotecas exclusivas de prompts de IA que você aperfeiçoou ao longo do tempo. Compartilhe insights difíceis de replicar. Construa uma marca reconhecida que os clientes associem à confiança e resultados. E se você não quiser aparecer publicamente, crie um nome de marca, identidade visual e tom de comunicação que funcionem independentemente de sua presença pessoal.

Depois comece a pensar como um investidor. Se você fosse comprar seu próprio negócio, o que gostaria de ver? Receita recorrente, custos operacionais baixos, sistemas automatizados e uma base crescente de clientes satisfeitos. Prepare seu negócio como se fosse vendê-lo — mesmo que ainda não tenha essa intenção. Acompanhe receita recorrente mensal (MRR), valor total do cliente, taxas de conversão, cancelamentos e reembolsos. Essas métricas não apenas ajudam na otimização — também tornam seu negócio mais atraente para compradores em plataformas como Flippa, Acquire ou Empire Flippers.

Você também pode considerar licenciamento. Se criou produtos bem-sucedidos baseados em IA, pode licenciá-los para outras pessoas — sob sua marca ou como produtos white-label. Por exemplo, se você criou uma biblioteca de prompts de IA para coaches, pode licenciá-la para mentores de negócios que possam rebrandear e vendê-la como própria. O licenciamento permite gerar renda sem trabalho adicional — e amplia o alcance do seu produto original.

Por fim, proteja seu tempo, sua energia e seus sistemas. Crescer não significa trabalhar mais horas — significa melhorar seus sistemas para que funcionem melhor. Crie uma rotina semanal de CEO na qual você analisa seu painel de dados, atualiza metas e avalia o que pode ser automatizado ainda mais. Pergunte regularmente a si mesmo: "Se eu desaparecesse por um mês, este negócio continuaria crescendo?" Se a resposta for sim, você construiu um ativo escalável. Se não, use essa percepção para orientar sua próxima melhoria.

Crescimento sustentável significa liberdade — liberdade de tempo, liberdade financeira e, eventualmente, liberdade de escolha. Seja para continuar escalando, vender por uma quantia significativa ou simplesmente aproveitar a renda passiva que criou, a base é a mesma: sistemas claros, receita recorrente e uso inteligente da IA. O capítulo final mostrará como consolidar seu império com visão de longo prazo — para que seu negócio continue crescendo com ou sem você.

Eli e o Creator Vault

Eli nunca imaginou que construiria um negócio que pudesse ser vendido. O que começou como uma forma de sobreviver financeiramente durante um período difícil da vida acabou se transformando em uma marca digital de seis dígitos alimentada por IA, painéis no Notion e automações inteligentes. Durante dois anos, ele vendeu ferramentas de conteúdo com IA para escritores freelancers, administrou uma pequena comunidade para criadores digitais e produziu conteúdo que alcançava dezenas de milhares de pessoas todos os meses. Mas, conforme sua vida mudou — ele se casou, começou a pensar em morar no exterior e queria passar mais tempo offline — surgiu uma nova pergunta: como seria se afastar?

Ele começou a se preparar sem contar a ninguém. Criou um espaço organizado no Notion chamado "Pronto para Saída" e começou a documentar tudo. Fluxos de trabalho de produtos, sequências de e-mail, como programava conteúdo, como reembolsos eram processados e como perguntas de clientes eram respondidas — tudo escrito de forma clara e simples. Incluiu links, tutoriais, templates e até vídeos no Loom explicando a lógica por trás de certas automações. O objetivo não era apenas vender. Era fazer o negócio funcionar perfeitamente sem ele.

Eli então analisou seus números. Percebeu que 85% da renda vinha de dois produtos principais e de uma membership. Então decidiu otimizar exatamente esses elementos. Reescreveu suas sequências de e-mails evergreen usando ChatGPT, testou novamente seus cinco lead magnets principais e reconstruiu páginas de upsell para acompanhar tendências atuais. As vendas aumentaram 22% em 30 dias. Depois criou um sistema onde novos inscritos eram marcados automaticamente com base no lead magnet que haviam baixado e direcionados para ofertas específicas de produtos. Ele não escreveu os e-mails manualmente — a IA fez a maior parte do trabalho.

Para aumentar a renda recorrente, Eli reuniu seus downloads digitais mais populares em uma assinatura de 9 dólares por mês chamada The Creator Vault. Usou Gumroad para entrega, Canva para promoção e Make.com para adicionar automaticamente novos conteúdos ao vault todos os meses. Em seguida, adicionou uma oferta de upsell para transformar assinantes em membros vitalícios por 97 dólares. Isso trouxe estabilidade à renda e tornou o negócio muito mais atraente para compradores.

No quarto mês de preparação para saída, Eli percebeu que havia dobrado a avaliação do seu negócio — sem lançar nada novo. O crescimento veio da otimização, não da expansão.

Usando ChatGPT e Airtable, ele criou até um painel mensal que projetava receita com base em cancelamentos de assinaturas, valor médio de pedidos e tendências recentes. Pela primeira vez, ele se sentiu como um verdadeiro CEO — alguém que compreendia seus números e podia melhorá-los com poucos ajustes estratégicos.

Eventualmente, ele colocou o negócio à venda na plataforma Acquire.com. Incluiu todos os ativos: documentação no Notion, ferramentas de IA utilizadas, templates, lista de clientes e ideias para produtos futuros. Sua proposta era simples: "Um negócio de produtos digitais alimentado por IA, operado por uma pessoa, com sistemas documentados, receita previsível e entrega totalmente automatizada." Em duas semanas recebeu três ofertas sérias. Escolheu um comprador que queria manter a marca e fecharam um acordo de 110.000 dólares à vista com um período de transição de 60 dias. Eli havia criado, escalado e vendido uma marca digital totalmente baseada em IA — sem funcionários, anúncios ou infraestrutura tradicional.

Ele saiu com mais do que dinheiro. Saiu com tempo, clareza e um modelo que poderia repetir se quisesse. E talvez um dia repetisse. Mas, por enquanto, estava indo para a Espanha com sua esposa e seu laptop, sabendo que as habilidades e sistemas que desenvolveu serviriam para o resto da vida. Ele não havia apenas criado renda — havia criado um ativo vendável. E tudo começou com algumas ferramentas de IA e a decisão de parar de correr atrás de dinheiro e começar a construir algo real.

A jornada de Eli prova que sustentabilidade não significa desacelerar. Significa escalar com inteligência, construir sistemas e manter suas opções abertas para o futuro. Seja vendendo, automatizando ou simplesmente trabalhando poucas horas por semana, o império que você construiu se torna sua plataforma para qualquer próximo passo.

Capítulo 10: A Visão de Longo Prazo: Liberdade, Alavancagem e Legado

Alcançar seis dígitos com um negócio impulsionado por IA é um marco incrível — mas é apenas o começo. A verdadeira recompensa de construir um negócio enxuto, automatizado e global não é apenas a renda — é a liberdade que vem com ele. Liberdade de tempo. Liberdade de localização. Liberdade criativa. E, eventualmente, legado. Neste capítulo final, vamos ampliar a visão e observar como evoluir seu negócio para além da sobrevivência e até mesmo além do sucesso. Você aprenderá como transformar seus sistemas em uma plataforma de impacto de longo prazo, reinvestir na sua liberdade e deixar algo maior do que um produto ou marca — algo que perdure.

Primeiro, vamos falar sobre liberdade. A maioria das pessoas inicia negócios online para ganhar renda extra ou sair do emprego. Mas, com o tempo, se você não for intencional, pode recriar as mesmas pressões e armadilhas de tempo das quais estava tentando escapar. O antídoto é o design intencional. Construa suas semanas em torno da forma como você quer viver, não apenas de quanto quer ganhar. Use sua agenda para proteger "blocos de liberdade" sem trabalho. Deixe a automação cuidar da entrega, da geração de leads e do onboarding. Use a IA para substituir tarefas e decisões desnecessárias. Você não é apenas o seu negócio — você é o arquiteto dele. Construa-o para servir à sua vida, não o contrário.

Em seguida, pense em termos de alavancagem. Cada conteúdo, automação ou produto digital que você cria é um ativo que pode ser usado repetidamente. Essa é a essência da alavancagem — trabalhar uma vez e receber por isso para sempre. Empilhe alavancagem construindo ecossistemas de produtos: ebooks levam a cursos, cursos levam a assinaturas, assinaturas levam a afiliados. Cada ponto de contato aumenta o valor da sua marca. Use a IA para manter essa máquina funcionando — reaproveitando, atualizando e otimizando seus ativos em vez de começar do zero constantemente.

Agora considere sua plataforma. Você provavelmente já construiu uma audiência, mesmo que pequena. Uma newsletter, uma comunidade, seguidores que confiam em você. Isso é poderoso. Use essa plataforma para elevar outras pessoas, criar colaborações e até incubar novos criadores. Você pode criar cursos com convidados, organizar workshops ou formar parcerias em bundles. Pode lançar micro-marcas sob o seu guarda-chuva ou licenciar seus sistemas para outras pessoas. O que começou como um side hustle de uma pessoa pode se tornar um ecossistema digital que apoia outros enquanto continua crescendo.

Depois vem o reinvestimento. Quando seu negócio começa a gerar renda consistente, comece a redirecionar parte desse dinheiro para ativos que garantam sua liberdade de longo prazo. Isso pode incluir comprar produtos digitais que já geram renda, investir em imóveis ou lançar um novo SaaS usando sua audiência existente. Você não precisa escalar para sempre. Precisa apenas mudar de "renda do trabalho" para "renda de proprietário". Use seus lucros para comprar tempo, tranquilidade e segurança. Quanto mais cedo você pensar como investidor, mais rápido construirá riqueza além do trabalho.

Por fim, há o legado. O que você realmente está construindo? O que permanecerá quando plataformas, tendências e algoritmos mudarem? Seu legado é a combinação dos sistemas que você criou, das pessoas que ajudou e dos valores que representou. Documente sua história. Ensine o que aprendeu. Empacote seu processo. Seja vendendo seu negócio, licenciando seus frameworks ou escrevendo um livro, sua jornada pode viver como guia para outras pessoas. Essa é a forma mais poderosa de renda passiva — impacto que continua mesmo depois que você se afasta.

Construir um império não significa construir algo gigantesco — significa construir algo significativo, autossustentável e alinhado com a vida que você deseja. A IA lhe deu as ferramentas. Agora você construiu o sistema. O passo final é a visão: escolher como usar o poder, a liberdade e a influência que você criou. Seja continuando a crescer, vendendo ou iniciando algo novo, agora você tem as habilidades, os sistemas e a alavancagem para fazer isso nos seus próprios termos.

Este livro pode estar chegando ao fim — mas sua jornada está apenas começando. No capítulo final da história, você verá como um criador transformou tudo o que construiu em uma vida de propósito, paz e impacto global — sem nunca voltar à corrida exaustiva.

A nova renda estável de Sophia

Sophia não era estranha à reinvenção. Ela passou boa parte de duas décadas buscando estabilidade — primeiro como professora do ensino médio, depois como desenvolvedora freelance de material didático e, por fim, como criadora de cursos digitais. Quando o boom da inteligência artificial começou a ganhar força, ela se adaptou rapidamente. Aprendeu a usar ChatGPT, Notion e Pictory. Criou um conjunto de produtos — ebooks, pacotes de prompts de IA e mini-cursos para educadores — e gradualmente transformou seu negócio em uma máquina enxuta e lucrativa. Em dois anos, estava ganhando mais de 12.000 dólares por mês e trabalhando menos de 20 horas por semana. Mas, à medida que seus sistemas se estabilizavam, surgiu uma nova pergunta: e agora?

Sophia passou a acordar sem urgência. Seu negócio funcionava perfeitamente. Emails eram respondidos por um chatbot. As vendas aconteciam regularmente. Sua equipe? Um painel de automações e integrações de IA. Ela havia conquistado a liberdade que sempre quis — mas algo parecia incompleto. Ela já não estava mais perseguindo dinheiro; estava buscando significado. Então começou a pensar maior. Não em termos de escala, mas de impacto.

Ela começou a organizar pequenas reuniões no Zoom — não para vender, mas para ensinar. Falava abertamente sobre seu processo: como usava IA, como estruturava suas semanas, como superava o medo. Essas sessões eram autênticas e reais, e as pessoas se conectavam profundamente com ela. Logo criou um círculo de mentoria no qual ajudava outras pessoas a construir suas próprias fontes de renda com IA. Cobrava uma taxa modesta, mais para incentivar comprometimento do que para lucrar. O programa encheu rapidamente — não porque ela o divulgou intensamente, mas porque havia se tornado uma guia confiável.

Sophia também começou a licenciar seus materiais. Criou uma versão white-label de seus pacotes de prompts de IA para educadores e permitiu que coaches e consultores os rebatizassem e revendessem. Seus produtos agora geravam renda através de pessoas que ela nunca conheceu, em setores nos quais nunca trabalhou. O que começou como simples materiais digitais tornou-se um conjunto de ativos geradores de renda espalhados pela internet — pertencentes a outros, mas criados por ela.

Com sua renda estável e seu tempo sob controle, ela começou a investir. Não em coisas extravagantes, mas em segurança. Comprou um pequeno terreno fora da cidade. Reformou uma pequena casa. Plantou árvores frutíferas. E instalou um sistema solar simples para alimentar sua casa. Seus dias ficaram mais tranquilos, mas mais completos — escrevendo de manhã, mentorando à tarde e lendo à noite. Ela não precisava de mais. Já tinha o suficiente.

Mas Sophia ainda não havia terminado. Decidiu escrever um livro — não um manual, mas uma espécie de memória. Chamou-o de Construído com Paz. Nele contou a história de como escapou do esgotamento, construiu um negócio que priorizava a vida e usou a IA não como muleta, mas como parceira em sua evolução criativa. Publicou o livro de forma independente, narrou o audiobook com ElevenLabs e doou parte das vendas para projetos de alfabetização. O livro não se tornou viral, mas tocou muitas pessoas. Dezenas de emails chegaram — mensagens de mães, professores esgotados e trabalhadores remotos — todos dizendo: "Era isso que eu estava procurando."

Certa noite, enquanto o sol se punha no seu tranquilo quintal, Sophia abriu o laptop. Verificou seu painel de vendas — não por ansiedade, mas por hábito. Tudo continuava funcionando. Ela sorriu, fechou o computador e olhou para as árvores balançando ao vento. Ela havia construído um negócio. Havia construído sistemas. Mas, mais importante, havia construído uma vida — uma vida em seus próprios termos, com tempo para descansar, espaço para pensar e a capacidade de ajudar outros a crescer.

A história de Sophia é a prova final de que seu império não precisa ser barulhento ou gigantesco para ter valor. Ele precisa ser intencional. Precisa estar alinhado com seus valores. E precisa lhe dar não apenas renda — mas paz, alavancagem e a oportunidade de deixar algo para trás. Com a IA como parceira e a visão como bússola, o próximo capítulo é totalmente seu.

Epílogo: O Novo Plano: A Ascensão do Império de Uma Pessoa

We've reached the end of this book, but the most important part of your journey is just beginning. The chapters you've listened to weren't just strategies and stories. They were blueprints—small windows into what's now possible in a world transformed by artificial intelligence. For the first time in history, it's no longer just the wealthy, the connected, or the credentialed who have the tools to build global, profitable, impactful businesses. Anyone with curiosity, consistency, and a Wi-Fi connection can now build an empire from a kitchen table, a coffee shop, or a corner of their bedroom.

What used to take a staff of ten, a $100,000 budget, and years of trial and error can now be built by one person in months—sometimes weeks. AI doesn't just make business faster. It makes freedom more accessible. It removes the need for permission. It turns the knowledge in your head—and the tools in your browser—into real income, real assets, and real transformation for both you and the people you serve.

But with this power comes a responsibility: to use it wisely. It's tempting to chase everything. More platforms. More tools. More launches. But real success lies in focus, simplicity, and alignment. Choose a niche that excites you. Build a product that solves a real problem. Use automation to deliver consistent value. Show up for your audience. Refine your systems. Protect your time. And never forget why you started—freedom, impact, peace, or the ability to be present in your life.

You've now seen how to go from idea to income. From product to platform. From scattered hustle to a global, automated, AI-powered brand. You've met creators who built six-figure businesses with no team, no ads, and no investors—just smart systems, clear offers, and intentional execution. They didn't do anything magical. They followed the roadmap. And now, so can you.

As you move forward, you don't need to build it all at once. Start with one idea. One product. One platform. Let AI amplify your creativity, not replace it. Let automation give you space, not distance you from your audience. Let leverage become your strategy, not your shortcut. The journey of building your empire is iterative—and every system you build compounds.

Remember, the goal isn't just money. It's design. It's control. It's creating a life where your business works for you, not the other way around. Whether you choose to scale, sell, simplify, or start something new, the skills you've gained here are permanent. You now know how to build income without trading time. How to grow without hiring. How to impact thousands without burnout. That's leverage. That's power. That's freedom.

And if someday you wake up and decide to take a month off, to relocate, to raise a family, or to build something completely different—you can. Because you've built systems. Because your income isn't dependent on being busy. Because your brand runs without you constantly showing up. That's the essence of a one-person empire: it's sustainable. It's scalable. It's optional.

So as you close this book, ask yourself: what is the next step I can take in the next 24 hours? Can I draft a lead magnet? Can I outline my first product? Can I automate my first email? Can I launch a landing page? Don't wait until everything is perfect. Start. Build momentum. Adjust as you grow.

There's a new economy rising—and it's not run by institutions or agencies. It's run by creators, solopreneurs, educators, and problem solvers who are leveraging AI to serve at scale. You are now one of them. Whether your empire earns $1,000 a month or $100,000, it belongs to you. Built with your ideas. Powered by your systems. And aligned with your purpose.

This isn't the end. It's the handoff—from this book to your action. You're ready. Your tools are ready. The market is ready.

Now it's time to build, grow, and live like the empire was already yours—because now, it is.

www.ingramcontent.com/pod-product-compliance
Lightning Source LLC
LaVergne TN
LVHW010836051026
849532LV00007B/2728